FRANC - NOHAIN

L'ESPAGNE
LES INDES
L'ODÉON

L'HEURE ESPAGNOLE
LA MARCHE INDIENNE
LA BELLE ÉVEILLÉE

PARIS

LA RENAISSANCE DU LIVRE

L'ESPAGNE
LES INDES — L'ODÉON

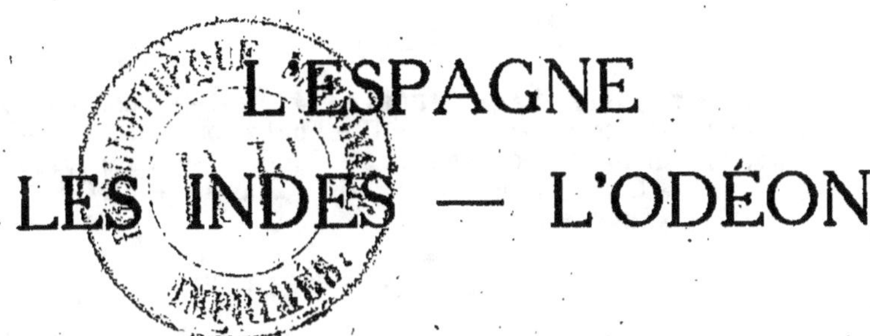

L'HEURE ESPAGNOLE,
LA MARCHE INDIENNE,
et LA BELLE ÉVEILLÉE,

comédies en vers.

FRANC-NOHAIN

L'ESPAGNE
LES INDES
L'ODÉON

PARIS
LA RENAISSANCE DU LIVRE
78, Boulevard Saint-Michel, 78

L'HEURE ESPAGNOLE

Comédie en un acte, en vers, représentée pour la première fois le 28 octobre 1904 sur le Théâtre National de l'Odéon (1).

PERSONNAGES

Don Inigo Gomez, banquier........ MM. Darras.
Gonzalve, bachelier.............. Cazalis.
Torquemada, horloger............. Liser.
Ramiro, muletier................ Decard.
Concepcion, femme de Torquemada.. Mlle Rosni-Derys.

(1) Mise en musique par Maurice Ravel, *l'Heure Espagnole* a été représentée pour la première fois le 19 mai 1911 sur le Théâtre National de l'Opéra-Comique, et pour la première fois le 5 décembre 1921 sur le Théâtre National de l'Opéra.

L'HEURE ESPAGNOLE

La scène se passe dans la boutique d'un horloger espagnol. — On entre à gauche ; à droite, la porte qui mène à l'appartement de l'horloger. Large fenêtre au fond donnant sur la rue ; à droite et à gauche de la fenêtre, une grande horloge catalane, — c'est-à-dire normande. — Au lever du rideau, Torquemada, le dos tourné au public, est assis devant son établi. On entend les balanciers qui s'agitent, et toutes les pendules de la boutique sonnent des heures différentes.

SCÈNE PREMIÈRE

TORQUEMADA, RAMIRO

RAMIRO, *entrant.*

Señor Torquemada, horloger de Tolède?

TORQUEMADA, *Il se retourne, portant, enfoncée dans l'œil, la petite loupe professionnelle.*

Torquemada, c'est moi, monsieur.

RAMIRO.

De votre talent précieux

Souffrez que je demande l'aide :
Ma montre, à chaque instant, s'arrête...

TORQUEMADA.

Voilà qui va des mieux, voilà qui va des mieux !

RAMIRO.

Or je suis, cher seigneur, tout à votre service,
Muletier du gouvernement :
Connaître l'heure exactement,
En conséquence, est mon office,
Puisque, ni trop tard ni trop tôt,
Tranchons le mot, à heure fixe,
Mes mulets devront, sur leur dos,
Emporter les colis postaux.

TORQUEMADA.

Voyons la montre ?
            (*Il la prend et l'examine.*)
                        Elle est de style !

RAMIRO.

Oui, c'est un bijou de famille :
Mon oncle, le toréador.

Par elle fut sauvé des cornes de la mort !
    Aux arènes de Barcelone,
    Alors que le taureau fonçait,
    Et son ventre allait défoncer,
    Cette montre, dans son gousset,
    Le préserva du coup de corne.
Vous en remarquerez la trace.

TORQUEMADA.

                    En vérité !
Blessure de combat, ce coup de corne l'orne :
    C'est une héroïque beauté.

RAMIRO.

    Mais si la redoutable bête,
Si le monstre par la montre fut arrêté,
    Par un retour immérité,
C'est à présent la montre qui s'arrête !

TORQUEMADA.

Nous allons donc la démonter.

SCÈNE II

LES MÊMES; CONCEPCION

CONCEPCION, *à la cantonade.*

Totor !...

TORQUEMADA.

On m'appelle... Ma femme...

CONCEPCION, *à la cantonade.*

Totor ! Totor !...

TORQUEMADA.

C'est bien cela...
(A Ramiro.)

Totor est de Torquemada
Le diminutif plein de charme.

CONCEPCION, *entrant.*

Eh quoi ! vous n'êtes point parti?
L'étourderie est sans égale !

Vous souvient-il plus qu'aujourd'hui,
Il faut aller régler, comme chaque jeudi,
Les horloges municipales ?

TORQUEMADA.

Mais quelle heure est-il donc?

CONCEPCION.

Trois heures!

TORQUEMADA.

Sapristi !

Trois heures ! comme le temps passe !...
Si j'avais su...

RAMIRO.

L'excuse est farce :
Horloger, ignorer l'heure !...

TORQUEMADA.

Vous en doutiez !
Mais c'est là conséquence inhérente au métier :
Voit-on jamais le pâtissier
Manger ses tartes et ses glaces?
Et les gens qui vont à la chasse

Ont souvent horreur du gibier !
Si vous saviez combien, à la longue, rebute
La contemplation de l'heure et des minutes !...
Les horloges, monsieur, on n'entend plus leurs coups :
    Ce serait à devenir fou !

CONCEPCION, *montrant les horloges.*

Pourquoi, depuis le temps que je vous en réclame
    Une pour ma chambre à coucher,
Garder ici ces deux horloges catalanes?
Et que de fois encor m'allez-vous obliger
    A vous répéter ma demande?

TORQUEMADA.

    Si vous croyez que c'est léger,
    Une horloge, et facile à prendre !...

CONCEPCION. *Elle le regarde avec un mépris très signi-*
    ficatif, et prononce à mi-voix :

De force musculaire, oui, vous avez sujet
De vous montrer avare, ou, du moins, ménager :
    Vous n'en avez pas à revendre !
    (*Haut.*)
    Mais plus longtemps ne faites pas attendre
    Les balanciers municipaux.

TORQUEMADA, *s'apprêtant à partir.*

J'ai mes outils? J'ai mon chapeau?

RAMIRO, *intervenant.*

Pardon, monsieur, pardon... ma montre?...

TORQUEMADA.

Je cours, mon cher monsieur, je cours.
Je donne un tour de clef aux pendules, un tour,
Je les démonte, les remonte :
Demeurez jusqu'à mon retour !

CONCEPCION, *à part.*

Voilà qui ne fait pas mon compte !

TORQUEMADA, *à Ramiro.*

Excusez-moi. Je reviens de ce pas :
(*Avec beaucoup de dignité, en se drapant dans sa
cape.*)
L'heure officielle n'attend pas.

(*Il sort.*)

SCÈNE III

CONCEPCION, RAMIRO

CONCEPCION, *à part.*

Il reste, voilà bien ma chance !
Dieu sait pourtant si j'ai besoin,
Le jour de la semaine où mon époux est loin,
De mettre à profit son absence :
Je n'ai qu'un seul jour de vacances,
Me sera-t-il gâté par ce fâcheux témoin ?

RAMIRO, *à part.*

Il va falloir qu'avec la señora je cause ;
Mais de quoi diable lui parler?
J'aurais mieux fait de m'en aller,
Car je n'ai jamais su dire aux femmes des choses...

CONCEPCION, *montrant à Ramiro l'une des deux hor-*
loges.

Cette horloge, monsieur, la jugez-vous d'un poids
Tel, pour la déplacer, qu'il faille,
Ainsi que mon mari le croit,
L'effort de deux hommes ou trois?

RAMIRO.

Ça, madame? C'est une paille,
C'est une coquille de noix,
On lève ça avec un doigt,
C'est de la très petite ouvrage...
Votre chambre?...

CONCEPCION.

Au premier étage...
Mais...

RAMIRO.

Je vais l'y porter !

CONCEPCION.

Quoi ! vous consentiriez ?

RAMIRO.

C'est dit, señora, je m'en charge !

CONCEPCION.

Je n'osais pas vous en prier !

RAMIRO.

Il fallait oser, au contraire !
Tout muletier a dans le cœur
Un déménageur
Amateur !
Et voilà qui me va distraire
En attendant votre mari.

CONCEPCION.

Je suis confuse !

RAMIRO,

Cela m'amuse !

CONCEPCION, *à part.*

Tout s'arrange fort bien ainsi.
(*Haut à Ramiro en lui montrant la porte à droite.*)
L'escalier est au fond du couloir que voici...
Vraiment, monsieur, vraiment j'abuse !

RAMIRO.

Mais non, je vous jure, mais non !
Trop heureux de trouver une occupation !...

C'est moi, señora, qui m'excuse :
Je fais si piètre mine, hélas ! dans un salon !...
Les muletiers n'ont pas de conversation.
(*Il s'éloigne, emportant l'horloge sur son épaule.*)

SCÈNE IV

CONCEPCION, GONZALVE

CONCEPCION, *qui guette à la fenêtre.*

Il était temps, voici Gonzalve !

GONZALVE, *entrant.*

Enfin revient le jour si doux,
— Harpes, chantez, éclatez, salves !... —
Enfin revient le jour si doux,
Le jour où, d'un époux jaloux,
Ma maîtresse n'est plus l'esclave...

CONCEPCION, *passionnément.*

Gonzalve ! Gonzalve ! Gonzalve !

GONZALVE.

Enfin revient le jour si doux...

CONCEPCION.

Oui, mon ami... Dépêchons-nous !
Ne perdons point, à de vaines paroles,
L'heure qui s'envole,
Et qu'il faut cueillir...

GONZALVE, *déclamant.*

L'émail de ces cadrans dont s'orne ta demeure,
C'est le jardin de mon bonheur, émaillé d'heures,
Que l'on voit éclore et fleurir...

CONCEPCION, *impatiente.*

Oui, mon ami...
(*A part.*)
Le muletier va revenir.

GONZALVE.

Cette image est très poétique !
J'en veux faire un sonnet et le mettre en musique :
Le Jardin des Heures..., sonnet !

CONCEPCION, *à part.*

Si le muletier revenait !...
(*Haut.*)

Oui, mon ami, mais profitons de l'heure unique !
Tiens, sens comme battait mon cœur en t'atten=
[dant !

GONZALVE, *déclamant.*

Horloge, c'est ton cœur, le rythme en est le même,
Ton cœur ballant, ton cœur battant,
Que, mélancolique, on entend :
Le Cœur de l'Horloge..., poème !

CONCEPCION, *à part.*

Le muletier va revenir dans un instant.
(*Haut.*)
Oui, mon ami, mais vois, le temps s'achève,
Où réaliser le beau rêve
Après lequel nous soupirions !...

GONZALVE.

Les baisers qu'appellent tes lèvres
Egrèneront leurs carillons...

CONCEPCION.

Oui, mon ami, mais l'heure fuit, prends garde :
Le temps nous est mesuré sans pitié...

2

GONZALVE.

Le Carillon des Amours..., sérénade !

CONCEPCION, *avec dépit, apercevant Ramiro qui revient.*

Et puis, voici le muletier !

SCÈNE V

LES MÊMES, RAMIRO

RAMIRO.

C'est fait, l'horloge est à sa place.

CONCEPCION.

Déjà? Ah ! monsieur, que de grâces !
      (*A part.*)
Il n'y a pas à dire, il faut
      Qu'à nouveau
      Je m'en débarrasse !
De l'audace ! encor de l'audace !
      (*Haut à Ramiro.*)
Vous allez me juger bien folle, cher monsieur !
Comment vous faire

Cet aveu ?
Votre amabilité, qui me rassure un peu,
Ne me sera point trop sévère :
Donc, à peine étiez-vous parti
Avec l'horloge vers ma chambre,
(Montrant l'autre horloge.)
J'ai réfléchi
Que celle-ci
Y serait mieux... Que vous en semble ?

RAMIRO.

Señora, c'est votre plaisir ?
Je suis tout à votre service !

CONCEPCION.

Tant d'indulgence à mon caprice !...
Ah ! monsieur, je me sens rougir !

RAMIRO, *montrant l'horloge.*

Voilà : c'est cette horloge, à l'instant, que j'em-
[porte...

CONCEPCION, *vivement.*

Quand vous aurez rapporté l'autre !...

(*Avec une grande amabilité.*)
Quelle courtoisie est la vôtre !
Vous êtes un vrai paladin !..

GONZALVE

C'est ainsi que ton cœur, éternel féminin,
Apparaît plus mouvant que les plis d'une jupe !..
Caprice de Femme..., chanson !

RAMIRO, *s'éloignant.*

Moi, ça m'est égal : ça m'occupe.
(*Il sort à droite.*)

GONZALVE, *lui lançant un regard dédaigneux.*

Les muletiers n'ont pas de conversation.

SCÈNE VI

CONCEPCIÓN, GONZALVE

CONCEPCION, *ouvrant précipitamment le coffre de
l'horloge.*

Maintenant pas de temps à perdre !
Là-dedans, vite, il faut entrer...

GONZALVE.

Dans cette boîte de cyprès,
De sapin, de chêne ou de cèdre?...

CONCEPCIÓN.

Oui, c'est fou, je te le concède,
            Mais cède !
Songe donc : ici de nous voir,
En tête-à-tête nul espoir !
Car le muletier à l'œil noir
Se dresse entre nous, et je tremble !...
Au contraire, sans le savoir,
L'horloge et toi, tous deux ensemble,
Il vous emporte dans ma chambre !

GONZALVE.

Il me plaît de franchir ton seuil,
Entre ces planches clos, comme dans un cercueil...
J'y goûterai des sensations neuves,
            (*S'installant dans l'horloge.*)
Et cette horloge, où m'enferme le sort,
O mon amante, est-ce pas une épreuve,
            De l'amour plus fort
                Que la mort?

CONCEPCION.

Oui, mon ami... (*A part.*) Il exagère !

SCÈNE VII

INIGO, CONCEPCION, GONZALVE, *dans l'horloge.*

INIGO, *en passant devant la fenêtre.*

Salut à la belle horlogère !

CONCEPCION, *fermant brusquement l'horloge, à part.*

Encor ?... Quelle araignée affreuse le destin
M'aura fait, imprudente, écraser ce matin,
Pour qu'ainsi mon bonheur constamment se diffère ?
          (*Haut, à Inigo qui paraît sur le seuil.*)
Don Inigo Gomez ! qui peut ici lui plaire ?

INIGO, *entrant.*

Sournoise qui le demanda !
Eh ! le seigneur Torquemada
Ne serait-il pas chez l'alcade ?

CONCEPCION.

Vous voulez le voir ?

INIGO.

                Dieu m'en garde !
    Aurais-je, s'il n'était parti,
    Pris le chemin de sa boutique ?
Moi qui, précisément, usai de mon crédit
Pour faire confier à cet heureux mari
        Le soin des horloges publiques ?...
Car il est raisonnable, il est juste, il est bon
Que l'époux ait dehors une occupation
        Régulière et périodique.

CONCEPCION.

Don Inigo Gomez est un seigneur puissant !

INIGO.

    Que ma puissance apparaît vaine,
    Si, quand son mari est absent,
    Certaine belle ne consent
    A se montrer un peu moins inhumaine !
    Cette puissance est tout ou rien,
    Suivant que du plus cher des biens
Elle aura su ou non me procurer l'aubaine.
Vous seule pouvez tout !
                (*Il veut lui prendre la main.*)

CONCEPCION, *se dégageant, avec un regard inquiet sur l'horloge où se cache Gonzalve.*

Excusez-moi, Seigneur !
Parlez plus bas : les horloges ont des oreilles !

INIGO

Il faut que décide ton cœur :
J'attends de son arrêt l'excès de mon malheur,
Ou félicité sans pareille !
(*Il la presse, elle se dégage encore ; on voit poindre l'extrémité de l'horloge que Ramiro rapporte sur son épaule.*)

CONCEPCION.

Seigneur, excusez-moi !...
(*Elle aperçoit Ramiro qui entre. Le désignant à don Inigo.*)

J'ai les déménageurs !

SCÈNE VIII

LES MÊMES, RAMIRO

RAMIRO, *posant l'horloge.*

Voilà !... Et maintenant à l'autre !...

(Il va pour prendre la deuxième horloge, dans laquelle est enfermé Gonzalve.)

CONCEPCION

Celle-ci est peut-être un peu
— Je vous préviens — un peu plus lourde...

RAMIRO, *chargeant la deuxième horloge sur son épaule.*

Peuh !...
C'est seulement que l'on dirait que ça ballotte...

CONCEPCION, *vivement.*

Ce bruit qu'à l'intérieur vous avez entendu,
C'est le balancier, je présume...

RAMIRO.

Mais ça n'en est pas plus ardu...
C'est moins le poids, ces objets-là, que le volume :
Car, pour le poids, c'est un fétu,
C'est une plume !...
On porte ça, les bras tendus,
Des combles jusques à la cave...
(Et, ce disant, il fait passer l'horloge d'une épaule à l'autre avec une aisance prodigieuse.)

CONCEPCION, *à part.*

Cet homme a des muscles de fer !
Mais, s'il secoue ainsi Gonzalve,
Il finira par lui donner le mal de mer...
(*Haut à Ramiro.*)
Je vous accompagne...

RAMIRO, *s'éloignant.*

Inutile !

INIGO.

Monsieur est homme expert en son métier !
Et faut-il que vous me quittiez?

CONCEPCION, *à Inigo.*

Non, je ne serais pas tranquille :
Le mécanisme est très fragile,
Et notamment le balancier ;
J'ai besoin de tout surveiller...
Je demande pardon à Votre Seigneurie !...
(*Elle va pour suivre Ramiro.*)

INIGO, *l'arrêtant.*

Eh quoi ! pas un regard, pas un mot de pitié?
Et vous me laisserez me consumer sur pied,
    Par le désir incendié?

CONCEPCIÓN.

Mais je crains pour mon mobilier :
Trois déménagements valent un incendie !
                (*Elle s'éloigne.*)

SCÈNE IX

INIGO, *seul.*

Évidemment, elle me congédie :
    Et s'il me fallait écouter
    Les conseils de ma dignité,
    J'abandonnerais la partie ;
Cependant je n'ai qu'une envie, et cette envie.
    Toute dignité abolie,
    Et cette envie est de rester !
Mais il faudrait imaginer un stratagème,
    Quelque procédé de roman :
    On doit se conduire en amant
    Avec la femme que l'on aime...

Dans ces conjonctures extrêmes,
Un amant, pensé-je, avec art,
S'introduirait dans un placard :
Tant pis, ma foi, si je déroge !
Je conçois à l'instant le fantasque projet
     De me cacher
     Dans cette horloge :
Ces horloges sont les placards des horlogers.

   (*Il s'introduit avec effort dans l'horloge trop étroite pour sa corpulence.*)

     Un bachelier de Salamanque
     En userait-il mieux que moi?
En un pareil moment, en un pareil endroit,
   Qui donc voudrait reconnaître le roi
     De la finance et de la banque?
     Ainsi du moins la señora
       Saura
     Ce que, pour elle, pour lui plaire,
Ce que ma passion est capable de faire !
     Ma mine imposante et sévère,
     Mes allures de grand seigneur,
     A la pauvrette faisaient peur :
     Montrons un autre caractère
     Conforme à sa galante humeur,
     Et que nous sommes, au contraire,
     Dans le fond, un petit farceur !

     (*Entendant des pas.*)
Elle revient... Coucou !...

*(Ramiro paraît, Inigo referme brusquement l'hor-
loge.)*

C'est le déménageur !

SCÈNE X

RAMIRO, *seul;* INIGO, *dans l'horloge.*

RAMIRO.

Voilà ce que j'appelle une femme charmante :
N'ayant pas d'autre horloge à me faire porter
Pour occuper les loisirs de l'attente,
Maintenant elle me demande
De venir garder
La boutique...
Voilà qui est bien compris et pratique,
Puisque
Ce qu'il faut à un bon gardien
Ce ne sont que moyens
Physiques...
Et c'est ainsi qu'une maîtresse de maison
A chaque visiteur doit assigner un rôle
En rapport avec ses façons :
L'un vaudra par l'esprit, l'autre par les épaules...
Moi, c'est plutôt par les épaules !
(Rêveur, inspectant la boutique.)
Quand je vois ici rassemblés

Toutes ces machines subtiles,
Tous ces ressorts menus, à plaisir embrouillés,
Pour avancer ou reculer
La grande et la petite aiguille,
Je songe au mécanisme qu'est
La femme, mécanisme autrement compliqué !
S'y reconnaître est difficile ;
Pareille tâche est au-dessus de mes efforts...
A Dieu ne plaise aussi que je m'arroge
Le soin minutieux d'en toucher les ressorts :
Tout le talent que m'a donné le sort
Se borne, je le sais, à porter les horloges...

SCÈNE XI

CONCEPCION, RAMIRO

CONCEPCION, *accourant à Ramiro.*

Monsieur, ah ! monsieur !
                    (*A part.*)
                        Dans ma gorge,
Les mots s'arrêtent de dépit !
    (*Haut.*)
Traitez-moi de folle, tant pis !
Mais comment voulez-vous qu'en ma chambre je
                                [garde
Une horloge qui va, monsieur, tout de travers?

Quel martyre affreux pour mes nerfs !
Bien sûr, j'en deviendrais malade !

RAMIRO.

Eh ! madame, laissez cela !
Vous savez bien que je suis là ;
La rapporter, ça me regarde...
Et puis, vous n'avez pas besoin
— Demeurez donc, je vous en prie —
De me montrer maintenant le chemin...

CONCEPCION.

Ah ! monsieur, ce dernier mot, c'est de l'ironie !...

RAMIRO.

Est-ce de l'ironie? Au fait, il se peut bien :
L'ironie est un art où je ne connais rien.
Mais les fardeaux, c'est ma partie...
A tout à l'heure !
(*Il sort.*)

SCÈNE XII

INIGO, *dans l'horloge ;* CONCEPCION.

INIGO, *entr'ouvrant l'horloge. A mi-voix.*

Enfin, il part !
Dieu ! que ces muletiers sont de fâcheux bavards !...
(*Haut.*)
Coucou !...
(*A part.*)
Amusons cette belle !...
(*Haut.*)
Coucou !...

CONCEPCION, *se retournant vers l'horloge dont Inigo
a refermé aussitôt la porte sur lui.*

Tiens, l'horloge !...

INIGO, *même jeu.*

Coucou !...

CONCEPCION, *rageuse.*

L'allusion est de haut goût,
Par saint Jacques de Compostelle !
Et le moment est bien choisi
Pour parler de coucou ici !...

Inigo, *même jeu*

Coucou !...

Concepcion.

Hélas ! vaine imposture !...

Inigo, *insistant.*

Coucou ! ..

Concepcion, *apercevant Inigo.*

Don Inigo ! Vous n'êtes point parti !...
Don Inigo Gomez, et dans quelle posture !

Inigo.

Oui-da, vous avez devant vous
Don Inigo Gomez, roi de la haute banque !...
Et même y serais-je à genoux,
Si ce n'était que la place me manque...

Concepcion.

Cessez ce jeu, don Inigo, vous êtes fou !

INIGO.

Oui, fou de toi, ô ma jolie !
Fou à faire mille folies !...
Ceci n'est qu'un commencement,
Un tout petit exercice d'entraînement ...

CONCEPCION.

Mais je n'en veux pas davantage !
Tenez-vous-en là simplement !
Et sortez, je vous y engage,
De ce bizarre logement !...

INIGO.

Eh quoi ! lorsque j'eus tant de peine,
Tant de peine à entrer, faut-il déjà sortir?
Où il y eut beaucoup de gêne,
On mérite un peu de plaisir !
Si telle est du destin la loi inéluctable
Qu'au festin conjugal on régale un ami,
Pourquoi faut-il qu'à votre table
Ce ne soit pas mon couvert qui soit mis ?
Manqué-je, à votre fantaisie,
De jeunesse, de poésie?
Trop de jeunesse aussi a son mauvais côté :
Un jeune homme est souvent inexpérimenté...

CONCEPCION.

En vérité, en vérité !...

INIGO.

Un rien l'arrête et l'embarrasse !...
Et les poètes, affairés
A poursuivre un rêve éthéré,
Oublient que la réalité sous leur nez passe...

CONCEPCION, *avec conviction.*

Si vous saviez combien vous dites vrai !...

INIGO.

Un amant comme moi offre plus de surface !

SCÈNE XIII

LES MÊMES, RAMIRO, *entrant avec l'horloge où est enfermé Gonzalve.*

RAMIRO, *à Concepcion, qui a fermé vivement l'horloge où se cache Inigo.*

Voilà l'objet ! que faut-il que j'en fasse?

CONCEPCION.

Ah ! l'horloge !... c'est bon !... merci !... mettez ça là.

RAMIRO, *après avoir posé l'horloge, montrant celle*
d'Inigo.

Et maintenant, c'est celle-là,
Que dans votre chambre l'on place?

CONCEPCION, *troublée.*

Dans ma chambre?...

INIGO, *par l'horloge entr'ouverte.*

Dans votre chambre !...

RAMIRO.

Vous n'avez
Qu'un mot à dire, et je l'enlève !

CONCEPCION, *bas, à Inigo.*

C'est un guet-apens !...

INIGO, *bas, à Concepcion, lui baisant la main.*

C'est un rêve !

RAMIRO.

Est-ce dit, señora ?

INIGO, *même jeu.*

O ivresse !...

CONCEPCION, *se décidant brusquement.*

Enlevez !...

RAMIRO, *chargeant l'horloge sur son épaule.*

A la bonne heure, au moins, celle-ci ne ballotte,
   Ne ballotte pas comme l'autre !
   On peut agiter, secouer :
C'est mieux équilibré, c'est tassé à souhait ;
   Dans l'autre horloge, ça jouait
   D'une façon intolérable !

CONCEPCION.

Mais n'est-ce pas plus lourd ?...

RAMIRO.

Goutte d'eau, grain de sable !...

CONCEPCION, *le regardant pleine d'admiration, cependant qu'il emporte l'horloge, et Inigo dans cette horloge, avec la plus grande facilité.*

A coup sûr, cet homme est doué !

SCÈNE XIV

CONCEPCION, GONZALVE, *dans l'horloge.*

CONCEPCION, *ouvrant l'horloge où se tient Gonzalve.*

Ah ! vous, n'est-ce pas, preste ! leste !
Trêve aux poèmes étoilés !
Vous allez, j'espère, filer,
Et sans demander votre reste !

GONZALVE.

O impérieuse maîtresse,
    Laisse !
Je veux graver ici nos chiffres enlacés
    Autour d'un cœur, de flèches transpercé,
    Comme font, emmi les sites sylvestres
Où l'amour complaisant égara leurs baisers,
Comme font deux amants sur l'écorce des trembles...

CONCEPCION.

Demeurez donc, si bon vous semble,
Mais n'attendez pas, s'il vous plaît,
Que j'écoute encor les couplets
          De la romance
          Qui recommence :
Vous avez de l'esprit, mais manquez d'à-propos...
J'en ai assez, de vos pipeaux !

GONZALVE.

Dissipons la ténèbre où me plonge ce blâme.
          (*Déclamant.*)
Violet, jaune, vert, rouge, orange, indigo,
     Et bleu, arc-en-ciel de mon âme,
     Prisme idéal où se mire ma flamme,
Surgis à l'horizon de mon cœur...

CONCEPCION, *avec rage.*

                    Cortijo !
                    (*Elle sort.*)

SCÈNE XV

GONZALVE, *seul dans l'horloge.*

GONZALVE.

Cortijo? Cortijo? Mystérieux symbole :
Cortijo, c'est la ferme, et la ferme est, je crois,
Une interjection du langage gaulois ;
     La ferme, bon, mais *Cortijo,* pourquoi?
Cela n'a aucun sens dans la langue espagnole.
     Ah ! Combien nous avons besoin
De revenir à vous, pures sources classiques,
     Et que notre verve s'applique
A l'imitation des Grecs et des Latins.
Je ne veux pas quitter l'enveloppe de chêne
     Où le destin me fit entrer,
     Sans évoquer les nymphes des forêts
     Qu'emprisonnait une semblable gaine.
     Nous ne nous en irons qu'après
Nous être recueilli avec soin, prenant garde
     Qu'on n'a pas toujours un motif
     Pour traiter ce sujet au vif :
     Impressions d'Hamadryade...
          (*Entendant venir Ramiro.*)
Mais le muletier s'en revient :
Ces gens-là goûtent peu les symboles païen s !...
          (*Il referme sur lui la porte de l'horloge.*)

SCÈNE XVI

GONZALVE, *enfermé dans l'horloge*, RAMIRO,
puis CONCEPCION

RAMIRO.

Voilà ce que j'appelle une femme charmante !...
  Jamais eussé-je pu songer
  Que le temps s'en fût, si léger,
    Pour qui fréquente
    Un horloger,
  Lorsque cet horloger s'absente?
M'avoir si gentiment ce labeur ménagé,
Tantôt emménager, tantôt déménager !
Voilà ce que j'appelle une femme charmante !....
Et puis cette boutique est un plaisant séjour :
Entre chaque montée, après chaque descente,
  Nul importun, par ses discours,
N'y vient troubler ma quiétude nonchalante...
  Rien à dire, rien à penser ;
  On n'a qu'à se laisser bercer
Au tic tac régulier de tous ces balanciers !...
  Et les timbres de ces pendules
  Joyeusement tintinnabulent
  Tout ainsi que, par les sentiers
    Muletiers,
Sonnent les grelots de mes mules...

Si je devais mon sort changer,
N'étais-je muletier, je serais horloger,
Dans cette horlogerie, avec cette horlogère...

CONCEPCION, *entrant brusquement, à Ramiro.*

Monsieur !...

RAMIRO.

L'horloge encor ne fait pas votre affaire?...
Bon ! bien ! laissez, laissez ! je la vais rechercher !...
(Il sort.)

SCÈNE XVII

CONCEPCION, GONZALVE, *enfermé dans l'horloge.*

CONCEPCION.

Oh ! la pitoyable aventure !
Et faut-il que, de deux amants,
Tous deux, aussi complètement,
Manquent, l'un, de tempérament,
Et l'autre, de désinvolture !
Oh ! la pitoyable aventure !
Le second est trop gros, et le premier trop fol ;
Et ces gens-là se disent Espagnols !...
Dans le pays de doña Sol,
A deux pas de l'Estramadure !...

Le temps me dure, dure, dure...
Oh ! la pitoyable aventure !
L'un ne veut mettre ses efforts,
— Pourtant Dieu sait si je m'en moque ! —
Qu'à composer, pour mes beaux yeux, des vers
                                        [baroques,
Et l'autre, plus grotesque encor,
De l'horloge n'a pu sortir rien qu'à mi-corps,
Avec son ventre empêtré de breloques !...
Maintenant le jour va finir,
L'hebdomadaire jour qu'appelait mon désir,
Le jour de la très douce et vengeresse injure
A l'époux qui va revenir ;
Et l'époux est indemne, et moi, fidèle et pure...
A deux pas de l'Estramadure,
Au pays du Guadalquivir !...
Oh ! la pitoyable aventure !
Quoi, pas même un essai loyal
Qui modifie un peu le trantran conjugal !...
Au pays de l'Escurial,
A deux pas de l'Estramadure !...
Le temps me dure, dure, dure !
Ah ! pour ma colère passer,
Avoir quelque chose à casser
A mettre en bouillie, en salade !
*(Elle frappe du poing l'horloge où se tient Gon-
zalve.)*

GONZALVE, *entr'ouvrant l'horloge.*

Impressions d'Hamadryade...

SCÈNE XVIII

LES MÊMES, RAMIRO

RAMIRO, *rapportant, sur son épaule, l'horloge qui renferme Inigo.*

Voilà !... Et maintenant, señora, je suis prêt
    A remporter dans votre chambre
    L'autre horloge, si bon vous semble,
    Voire même les deux ensemble...
(Il pose l'horloge et retrousse ses manches.)
    Ce sera comme vous voudrez !

CONCEPCION, *à part.*

Quelle sérénité, quelle aisance, il conserve,
    Et comme il jongle avec les poids !
    Il les soulève, les enlève...

RAMIRO.

Señora, faites votre choix !

CONCEPCION, à part.

Et toujours le sourire aux lèvres...
Vraiment cet homme a des biceps
Qui dépassent tous mes concepts...
Avec lui pas de propos mièvres !
(Haut.)
Dans ma chambre, monsieur, il vous plaît remonter ?

RAMIRO.

Mais laquelle y dois-je porter
De ces horloges ?

CONCEPCION, simple et nette.

Sans horloge !
(Elle sort, précédée de Ramiro.)

SCÈNE XIX

INIGO et GONZALVE, chacun dans son horloge.

INIGO, entr'ouvrant l'horloge.

Mon œil anxieux interroge,
Mélancolique, l'horizon :
Amour, amour, méchant garçon,

A quelle enseigne tu me loges !...
Comme on doit être bien chez soi,
Dans un large fauteuil, les pieds dans ses pan-
[toufles !

Et je languis ici, tellement à l'étroit
Que cela me coupe le souffle !
Dieu ! que je voudrais m'en aller !
Mais comment faire, étripé de la sorte?...
Il faudra pourtant que je sorte,
Et personne pour me haler !...
Personne !... Cordon, s'il vous plaît !...
La porte ! la porte ! la porte !...
(*Il la referme sur lui, au bruit que fait Gonzalve
entr'ouvrant, à son tour, son horloge.*)

GONZALVE.

Il m'a semblé qu'on appelait?...
Aussi bien, il est, je crois, sage
D'abandonner notre ermitage !
C'est l'heure où le mari revient
A sa boutique, et je n'ai cure
D'avoir ici un entretien
Avec cet horloger dépourvu de culture.

(*Il sort de l'horloge.*)

Adieu, cellule, adieu, donjon !
Adieu, cuirasse et morion
Qu'au chevalier fit revêtir sa dame !

Adieu, tables du violon
Dont, poète-amant, je fus l'âme !
Adieu, cage pour ma chanson,
Cheminée aussi pour ma flamme !
Adieu !. Mais tu n'es pas la petite maison
Qui suffisait au bon Socrate :
Puisses-tu n'être point toujours pleine d'amis,
Des amis d'une amie ingrate !
(*Apercevant par la fenêtre Torquemada qui rentre.*)
Sacrebleu ! voilà le mari !
Pour nous éviter le souci
D'explications délicates,
Regagnons au plus vite un asile opportun.
(*Il va pour rentrer dans son horloge, mais se trompe
et ouvre celle, plus proche, où se tient Inigo.*)
Dépêchons !

Inigo, *apparaissant dans l'horloge.*

Il y a quelqu'un !

SCÈNE XX

TORQUEMADA, GONZALVE, INIGO, *que l'on voit
blotti dans l'horloge.*

TORQUEMADA, *entrant.*

Il n'est, pour l'horloger, de joie égale à celle
De trouver au logis nombreuse clientèle !

Messieurs, soyez les bienvenus,
Et veuillez m'excuser : vous avez attendu.

INIGO, *dans l'horloge, un peu embarrassé.*

Mais comment donc, je vous en prie !
Le temps qu'on passe en une horlogerie,
Ce temps-là n'est jamais perdu.

GONZALVE, *avec un enthousiasme feint.*

Vous avez de telles merveilles !
Vos montres sont de purs bijoux...

TORQUEMADA, *le ramenant à l'horloge où se tient
Inigo.*

C'est de cette horloge surtout
Que vous me direz des nouvelles.

INIGO.

Devant que vous veniez, je la considérais,
Précisément avec tant d'intérêt...

TORQUEMADA.

La curiosité est toute naturelle !

INIGO.

... Qu'à l'intérieur j'ai voulu pénétrer,
    Pour examiner de plus près,
Le fonctionnement merveilleux du pendule...

TORQUEMADA.

    Ouais !
Mais je ne trouve pas cela si ridicule !
Don Inigo Gomez est trop intelligent,
    Pour qu'on lui vende horloge
    En poche :
Mais, croyez-moi, vous en aurez pour votre argent ;
Car vous prenez, bien entendu, l'horloge?...

INIGO.

                                Certes !...

    (*A part.*)
Après tout, il est le mari !
Ce sont là ses petits profits.
    (*Haut.*)
L'horloge, horloger, je l'achète !

TORQUEMADA, *à Gonzalve.*

Mais, vous, monsieur, vous en vouliez aussi,
    M'avez-vous dit, faire l'emplette?...

                                4

Allons, ne soyez pas jaloux !
(*Montrant l'autre horloge.*)
J'ai la pareille au même prix : elle est à vous.
C'est une chance !

GONZALVE.

Mais... sans doute !..
(*A part.*)
Impossible de dire non,
Il faut endormir ses soupçons ;
Mais que ce trafiquant âpre au gain me dégoûte !

TORQUEMADA.

Eh bien ! nous voilà tous d'accord !

INIGO.

Je voudrais seulement vous demander encor
De me tirer de cette boîte :
Car, soit dit sans reproche, elle est un peu étroite !..

TORQUEMADA, *tirant Inigo et prenant Gonzalve par
la main.*

Veuillez seconder mes efforts,
Monsieur...

(Tous deux tirent.)
Hé là !... là donc !... je t'en souhaite !
(Cependant que Torquemada et Gonzalve s'efforcent, Inigo aperçoit Ramiro qui revient, suivi de Concepcion.)

SCÈNE XXI

LES MÊMES, CONCEPCION, RAMIRO

Inigo, *appelant Ramiro.*

Pardieu, déménageur, vous venez à propos !

Torquemada, *apercevant Ramiro.*

Jc l'avais oublié ; où avais-je la tête?
C'est le muletier qu'il nous faut !
(A Concepcion.)
Ma femme, vous non plus, vous n'êtes pas de
[trop !...
(Torquemada, Gonzalve, Concepcion font la chaîne et tirent Inigo ; mais la chaîne se rompt et Inigo est toujours dans l'horloge.)
Passez devant, seigneur : vous êtes grand d'Es-
[pagne !

Gonzalve.

C'est qu'il tient là-dedans comme fait le bouchon
D'une bouteille de champagne !

CONCEPCION.

Les grands d'Espagne sont gros à proportion.

RAMIRO, *prend Inigo à bras-le-corps et l'enlève de l'horloge le plus naturellement du monde.*

Voilà !

INIGO.

Sacrebleu, quelle poigne !

CONCEPCION.

De sa vigueur chacun témoigne.

TORQEMADA, *à Inigo et à Gonzalve.*

Au fait, messieurs, pensez-vous pas
(Car il est, je crois, difficile
Que vous portiez entre vos bras
Vos horloges à domicile),
Qu'il conviendrait que monsieur s'en chargeât ?

INIGO, *à Ramiro.*

Mais nous vous en aurions une grâce infinie !
Pour le dérangement, acceptez ce ducat...

GONZALVE, *même jeu.*

Acceptez ce demi-ducat...

RAMIRO, *bas, à Concepcion.*

Leur prendre leur argent est assez délicat...

CONCEPCION, *bas, à Ramiro.*

Laissez, Ramiro, c'est la vie !...

TORQUEMADA, *à Concepcion.*

Dans votre chambre, chère amie,
Vous n'aurez pas encor votre horloge...

CONCEPCION.

                                        Mieux vaut
Qu'aux intérêts commerciaux
De son mari la femme se soumette :
        (*Montrant Ramiro.*)
Régulier comme un chronomètre,
Monsieur passe avec ses mulets,
Chaque matin, sous ma fenêtre...

TORQUEMADA, *à Ramiro.*

Chaque matin donc, s'il vous plaît,
Vous lui direz l'heure qu'il est.

(Au public.)

GONZALVE.

Un financier...

INIGO.

Et un poète...

CONCEPCION.

Un époux ridicule...

TORQUEMADA.

Une femme coquette...

GONZALVE.

Qui se servent pour leurs discours
De vers tantôt longs, tantôt courts,
Au rythme qui se casse, à la rime cocasse...

RAMIRO.

Avec un peu d'Espagne autour !...

CONCEPCION.

C'est la morale de Boccace :
Entre tous les amants, seul amant efficace,
Il arrive un moment, dans les déduits d'amour,
Où le muletier a son tour !

RIDEAU.

LA MARCHE INDIENNE

Comédie en trois actes, en vers, représentée pour la première fois le 4 mars 1927 sur le Théâtre National de l'Odéon.

PERSONNAGES

ISAAC............................	MM.	GÉMIER.
BABAR		CUSIN.
TIMOUR		RAYMOND-GIRARD.
LE GRAND-PRÊTRE		FABRY.
ADATÉ...........................	Mmes	VERA KORÈNE.
SITA............................		CAVÉ.
DÉIRA...........................		CLASIS.

GARDES, PORTEURS, GENS DU PEUPLE.

La scène se passe aux Indes, et presque de nos jours.

ACTE PREMIER

Les jardins du palais.

Au lever du rideau, la princesse Adaté et ses deux suivantes Sita et Déira entourent le prince Timour, accroupi et immobile, qui à la manière des fakirs, s'efforce à faire germer un grain de blé posé devant lui.

SCÈNE PREMIÈRE

TIMOUR, *immobile*, ADATÉ, SITA, DÉIRA

ADATÉ.

Et moi, je dis que vous ne m'aimez pas,

TIMOUR.

Princesse !...

ADATÉ.

Non, Timour, vous ne m'aimez pas !
Garderiez-vous, si vous m'aimiez, quand je suis là,
Cette immobilité qui m'afflige et me blesse?
Si vous m'aimiez, mais vous n'auriez de cesse
Que de me prendre dans vos bras !

TIMOUR.

Allez donc le dire à Brahma,
Et au roi Babar, votre père !...
Vous savez bien que, si j'opère
Le dur entraînement du métier de fakir,
Princesse, ce n'est pas par pose ou par plaisir ;
D'un reproche blessant vous ajoutez l'injure
A l'incommodité d'une telle posture :
    C'est le roi Babar, c'est lui qui
    Ne veut pour gendre qu'un yoghi,
    Et qui, pour commencer, m'oblige
A accomplir d'abord le fatigant prodige
    De changer cette graine en tige.
C'est l'enfance de l'art, paraît-il, c'est un jeu,
A quoi l'on reconnaît les serviteurs du Dieu ;
    Mais quand, pendant des nuits et des journées,
    J'attends ainsi un phénomène de
    Germination spontanée,
Ce que j'en fais, fleur de ma destinée,
    C'est afin de vous mériter...

ADATÉ.

Oui, beau mérite, en vérité,
Qui convient à votre paresse,
A votre manque de tendresse,

A votre insensibilité !
Peut-être, quelque jour, pourra-t-on constater
     Votre action sur cette graine,
Mais sur vous, à coup sûr, mon action est vaine ;
     Timour, si vous aviez un peu,
        Rien qu'un peu de sang dans les veines,
           Il n'y a pas de Dieu
                Qui tienne,
        Et vous seriez déjà debout !
Je ne sais... je ne suis qu'une vierge ignorante...
Mais Déira, Sita, mes fidèles suivantes,
Vous allez tour à tour l'embrasser dans le cou...

                    SITA.

Quoi, Princesse, que nous...

                    DÉIRA.

                    Que nous...

                    ADATÉ.

Oui, je veux tenter cette épreuve.
    (*Et Sita et Déira embrassent dans le cou, comme on
le leur a ordonné, Timour qui ne bronche pas, et se
plaint seulement.*)

TIMOUR.

Ah ! que vous me gênez !

SITA.

Mais, Princesse, si vous...

TIMOUR, *à part.*

Contiens mon cœur, Brahma ; dompte mes sens,
[Vichnou !...

ADATÉ.

Eh bien ! soit !...

(*Et elle embrasse Timour.*)

SITA, *observant l'immobilité de Timour.*

Toujours rien !

DÉIRA.

C'est fou !

ADATÉ.

Avant d'être épousée, il me semble être veuve !
Mais non, c'est moi qui n'ai plus qu'à mourir !

Puisque vous ne trouvez rien en moi dont s'émeuve
    Votre amour ou votre désir,
Le fleuve est là : je vais me jeter dans le fleuve...
    (*A ses suivantes.*)
    Voyez s'il va me retenir !

TIMOUR.

Ah ! que vous me gênez !

ADATÉ.

    Qui donc m'aime me suive !
    Si vous restez sourd à ma voix,
    Bientôt j'aurai cessé de vivre,
Timour, je vous le dis pour la dernière fois !

TIMOUR.

Ces menaces de votre bouche,
Et, tout à l'heure, ce baiser...

DÉIRA.

Pauvre garçon, comme il est rouge !...

TIMOUR.

Mais, Princesse, mais, si je bouge,
Tout sera à recommencer !

ADATÉ.

Adieu donc, souche !...
Adieu, rocher !...
(*Et elle s'éloigne avec ses suivantes.*)

TIMOUR.

Comme à son rocher Prométhée,
Au devoir, en effet, je demeure attaché ;
Par la passion emportée,
Princesse, pourquoi m'outrager,
Puisque je ne peux pas, je ne dois pas bouger !...

SCÈNE II

TIMOUR, BABAR, LE GRAND-PRÊTRE

BABAR, *suivi du Grand-Prêtre, s'approche de Timour.*

Eh bien ! jeune homme, cette graine ?
Examinons ça d'un peu près.
Non ! rien ne germe !
Aucun progrès !...
Timour, je vois avec regret
Que vous n'avez pas su la volonté montrer
Qu'une telle épreuve réclame ;
Rien ne sert

D'y mettre des nerfs :
Du calme, jeune homme, du calme !...

TIMOUR.

D'en avoir trop la Princesse me blâme,
Vous me blâmez d'en manquer : je m'y perds !
A l'instant la Princesse Adaté votre fille
M'accablait, ô mon Roi, d'injurieux propos
   Et me sommait d'interrompre aussitôt
      Cet exercice difficile ;
Je la laisse partir, je demeure immobile,
   Je continue, et cependant,
Cependant, ô mon Roi, vous n'êtes pas content !
      Si je n'arrive à satisfaire,
      Pas plus que la fille, le père,
Avouez, ô mon Roi, que c'est déconcertant,
      Et qu'à bon droit je désespère !

BABAR.

Ma fille s'exaspère et vous boude? Parfait !
Quand vous l'épouserez, et c'est mon cher souhait,
Vous saurez supporter avec une âme égale
      Sa mauvaise humeur conjugale.
      Le Grand-Prêtre vous le dira...

LE GRAND-PRÊTRE.

Gloire à Brahma ! Gloire à Brahma !

BABAR.

Que de fois, du vivant de la défunte reine,
    Dont les charmantes qualités
    N'allaient pas sans une certaine,
    Oui, certaine vivacité,
Que de fois, quand j'étais à la fin excédé
Par les soins du ménage et de la royauté,
    Alors, je prenais une graine,
Et, quoi que l'on me dît et quoi qu'il se passât,
Insensible à l'amour, insensible à la haine,
    Immobile, muet, béat,
    Et j'attendais que ça poussât !...
Connaissez là, Timour, la suprême ressource
    Qu'ainsi Brahma nous indiqua,
    Et qui, dans la plupart des cas,
Soit pour parer aux besoins de l'État,
Soit pour calmer le courroux d'une épouse,
    Saura nous tirer d'embarras :
Sans remuer une idée ou un bras,
    Il faut attendre que ça pousse !
    J'étais jadis à ce jeu-là,
        Soit dit sans fausse
        Modestie,

Oui d'une force
Assez jolie ;
Mais depuis que la Reine est morte, pauvre amie...
Et puis, aussi, l'âge qui vient...
J'ai dû un peu perdre la main.
Pourtant, il me semble... peut-être...
Peut-être avec quelque succès
En tenterais-je encor l'essai.
Si vous aviez de ces graines, Grand-Prêtre ?

LE GRAND-PRÊTRE.

Seigneur, j'en ai toujours sur moi :
Ça fait partie
De mon emploi.

BABAR.

Vous vous mettrez de la partie,
Car céans j'entends que l'on donne
A ce jeune homme
Une leçon !
(*Et aux côtés de Timour, Babar et le Grand-Prêtre s'accroupissent comme lui, et, comme lui immobiles, entreprennent la germination spontanée des grains de blé qu'ils ont posés devant eux.*)

TIMOUR.

Que Votre Majesté est bonne !

BABAR.

Nous commençons?

LE GRAND-PRÊTRE.

Nous commençons !

SCÈNE III

LES PRÉCÉDENTS, SITA

SITA, *elle accourt, éperdue.*

Prince ! Prince ! Oh ! Pardon ! Notre Roi !... Le
[Grand-Prêtre !

LE GRAND-PRÊTRE, *sans bouger.*

Impertinente, où avez-vous la tête ?
Ignorez-vous que l'on ne doit
Ouïr mouche voler, ni trembler une feuille,
Lorsque notre Roi
Se recueille?

BABAR, *toujours immobile.*

Allons ! je ne suis pas trop rouillé, je le sens ;
Mais ce qui est intéressant,

C'est lorsque, ce faisant,
> On garde
L'esprit suffisamment libre, vif et dispos,
Pendant que plus ou moins la graine à germer
> [tarde,
Pour occuper le temps à deviner des mots
> Carrés, rébus, énigmes, ou charades.
> Grand-Prêtre, et vous, mon jeune ami,
>> Voyons si
> Vous sauriez trouver celle-ci?
On me l'avait faite à moi-même :
>> « Si la moitié
> De mon premier
Est retranchée à mon dernier,
>> Mon deuxième
> Met mon troisième
> Avec mon tout dans un panier. »
N'est-ce pas qu'elle est drôle?

LE GRAND-PRÊTRE.

>>> O mon Roi, nos épaules
Se secoueraient d'un rire énorme et plein d'éclat,
Si remuer n'avait ce fâcheux résultat
Que la graine de croître alors ne s'arrêtât ;
> Mais pour être drôle, elle est drôle !
>> Si la moitié
>> De mon premier...

BABAR.

Est retranchée à mon dernier...

TIMOUR.

Mon deuxième
Met mon troisième...

BABAR.

Avec mon tout dans un panier...
J'attends... j'attends que vous la deviniez?
(*Avisant Sita, qui, à quelque distance, immobile
contient avec peine son agitation.*)
Et vous, là, jeune fille, approchez; du problème
Je consens qu'avec eux, pour l'émulation,
Vous cherchiez la solution :
Vous avez entendu? Voyons :
Avec mon tout?... Dans un panier?... C'est...

SITA, *éclatant.*

La Princesse

BABAR.

Mais non, ce n'est pas la Princesse !
« Princesse » a trois syllabes seulement

Et, si vous m'écoutiez plus attentivement,
Vous verriez bien qu'il en faut quatre. Voyons,
[qu'est-ce?...
Le mot, qui me dira le mot?

SITA, *n'y tenant plus.*

La Princesse, Seigneur, vient de tomber à l'eau !

BABAR *et* TIMOUR.

Oh !

(*Ils vont pour se lever.*)

LE GRAND-PRÊTRE, *s'efforçant à les retenir.*

Ne bougez pas, ne bougez pas, la graine germe...

BABAR.

Ma fille !...

TIMOUR.

Ma Princesse !...

BABAR.

En ce péril extrême,
Courons d'abord !

LE GRAND-PRÊTRE, *se levant à son tour.*

Oui mais, comme ça, c'est manqué!
Adieu donc la métamorphose !

TIMOUR.

Hélas ! après cette trop longue pause,
Plus moyen d'accomplir un mouvement brusqué...

BABAR.

Nos membres peu à peu ont pris de l'ankylose...

SITA.

En attendant, je peux toujours vous expliquer,
Roi, comment se passa la chose.

LE GRAND-PRÊTRE.

Écoutons ce premier récit.

SITA.

A peine quittions-nous le Prince que voici,
Que nous avions laissé avec sa graine,

Notre Princesse, en proie à de sombres soucis,
    Au bord du fleuve nous entraîne :
    « Ah ! dit-elle au fleuve, ton cours
    Régulier se poursuit sans cesse ;
    Tu ne crois pas que la sagesse
Consiste à demeurer immobile, et tu cours. »
    Tout en prononçant ces discours,
    Elle s'exalte, sa voix tremble !
    « Pour le bienfait de ton exemple,
O fleuve, je me donne à toi, prends mon amour,
    Reçois dans ton sein pour toujours
Ta fiancée, et la servante de ton temple ! »...
    Déjà dans l'eau ses deux pieds trempent,
    Puis, jusqu'à la hanche, la jambe,
    Et tout son corps va s'immerger...
        Devant le danger
        Qui menace, ——
Ma compagne ni moi nous ne savons nager, ——
Pour ameuter les gens, ou du moins s'il en passe,
    J'ai laissé Déira poussant
    Sur la berge des cris perçants,
    Cependant qu'à toute vitesse
    J'accourais pour vous avertir,
Quand le Grand-Prêtre a ordonné que je me taise...

LE GRAND-PRÊTRE.

A la loi des fakirs il convient d'obéir,

BABAR.

Oui, mais maintenant le temps presse...

TIMOUR.

Si la Princesse meurt, je n'ai plus qu'à mourir !

BABAR.

Si encor je pouvais courir !
(*Tous se précipitent vers Déira qui accourt.*)

SCÈNE IV

LES PRÉCÉDENTS, DÉIRA, *puis* ADATÉ

BABAR.

Et la Princesse?

TIMOUR.

Et la Princesse?

LE GRAND-PRÊTRE.

Et la Princesse?

DÉIRA.

Elle est sauve, Seigneur, saine et sauve : elle sèche,
Et pour vous rassurer en avant m'envoya.

LE GRAND-PRÊTRE.

Gloire à Brahma ! Gloire à Brahma !
Mais ne tardons pas davantage
A réclamer de celle-ci,
A son tour, le second récit
    Que sa venue ici
        Présage.

DÉIRA.

La Princesse, par le courant
Se laissait emporter...

BABAR.

            Nous sommes au courant ;
Venons-en vite au sauvetage !
Et d'abord quel est le héros
Qui, n'écoutant que son courage,
Tira la Princesse de l'eau ?

Déira.

C'est un homme d'un certain âge,
Et que je n'avais jamais vu,
Sans quoi je l'aurais reconnu
Du premier coup, car son visage
D'une étrange barbe est pourvu.
Seul, il venait sur le rivage,
Il entend mes cris éperdus,
A son approche je m'élance,
Je lui dis notre angoisse, il en comprend l'objet :
« Non, je ne nage pas, répond cet étranger,
Mais ça n'a aucune importance ! »
Droit dans le fleuve il se met à marcher.
Il est probable
Que sa barbe
A la face des eaux devait le maintenir ;
La Princesse en flottant s'éloigne, il la rattrape ;
Le voici près de la saisir ;
Je les vois plonger, se débattre,
Mais ne puis plus longtemps supporter ce spectacle,
Et brusquement m'évanouis.
Lorsque j'ai repris mes esprits,
Assise à mes côtés sur un tapis de mousse,
Comme au sortir de sa salle de bain,
La princesse Adaté me tapait dans la main,
Et m'appelait de sa voix douce...

BABAR.

Et son sauveur, et le héros barbu?

DÉIRA.

Il avait déjà disparu.

BABAR.

Il avait disparu? Je pense
Qu'il ne peut encore être loin?
Il a sauvé ma fille, et ma reconnaissance...
    Enfin, enfin, c'est bien le moins
    Que je fasse sa connaissance !
Pour retrouver cet homme, usez de diligence...
    (*Le Grand-Prêtre et les deux femmes se précipitent.*)
    Et pas tous du même côté !...
                            (*Entrée d'Adaté.*)
Ma fille ! Oh la méchante enfant !... Chère Adaté,
    Qui n'a pas craint d'inquiéter
    Si cruellement son vieux père !...

ADATÉ.

O mon père, ô mon Roi ! dussé-je vous déplaire
    Et vous inquiéter encor,

J'en veux chercher l'oubli à nouveau dans la mort,
Si vous ne me donnez la clé de ce mystère :
Celui qui m'arracha au liquide trépas,
    A peine ses robustes bras
    M'avaient-ils déposée à terre,
Sans attendre un merci, sans pousser un hélas !
    S'est éloigné à petits pas...

BABAR.

Mais peut-être avait-il quelque pressante affaire?...

ADATÉ.

Si l'inconnu ne revient pas,
Je veux encor mourir, mon père, car je l'aime !

BABAR.

C'était fatal, nous nous y attendions :
    C'est le jour des émotions !
      Allons, c'est bon,
      J'y vais moi-même !

(Exit.)

SCÈNE V

ATÉ, TIMOURAD

ADATÉ.

Et vous, Timour, vous n'êtes point parti?
Vous ne vous mettez pas à sa recherche aussi?
Vraiment tant de hâte
Me flatte !
J'ai parlé de mourir devant vous par deux fois :
Mais, quoi,
Cela vous laisse froid,
Et mon cœur peut cesser de battre,
Vous ne bougeriez pas le bout du petit doigt !
Pour la seconde fois, Timour, je le constate.

TIMOUR.

C'est par trop d'ironie ou trop de cruauté,
Madame ! Ainsi vous prétendez,
Pour un rival quand votre amour éclate,
Que je m'emploie à le favoriser?
Princesse, vous ironisez !...

ADATÉ.

Mais non, l'ironie est la vôtre ;
Un rival, dites-vous? Mon cœur est un objet

Qui ne saurait se partager :
A vous j'ai cessé de songer
Et ne veux plus songer qu'à l'autre.

TIMOUR.

Mais cet autre, cet étranger,
Reconnaissez que sa conduite
Cependant fut
D'un malotru :
Cette façon de disparaître tout de suite...
Vous l'avez à peine entrevu.

ADATÉ.

Prince, j'en fais serment, et nul ne m'en délie :
Écoutez, comprenez-moi bien !
Dans les eaux m'avez-vous suivie?
Avez-vous dit : « Je sacrifie
Mes jours en échange des siens ? »
J'ai failli me noyer. Vous, qu'avez-vous fait? Rien.
L'étranger m'a sauvé la vie,
C'est à lui désormais que ma vie appartient.

TIMOUR.

Mais enfin c'est de la folie !
Vous ne savez ni d'où il vient, ni qui il est ;
S'il avait violé, volé, tué, pillé

Semé le meurtre et l'incendie?
S'il ne vous aime pas? Ou s'il est marié?

ADATÉ.

A nouveau j'irai me noyer.

TIMOUR.

Pour qu'à nouveau, plein d'héroïsme,
Il vous tire encore de l'eau,
Et qu'il disparaisse à nouveau?
Il n'y a pas de raison pour que ça finisse !
Ou plutôt non, ça ne peut pas durer.
Ordonnez donc : faut-il qu'un crime
Me rende votre amour, Princesse, et votre estime?
Eh bien ! j'y consens, je suis prêt.

ADATÉ.

Que n'avez-vous plus tôt montré
La belle ardeur qui vous anime?

TIMOUR.

Combien de temps encor m'allez-vous préférer,
Princesse, un rival abhorré
Pour qui ma haine est légitime,
Par qui mon cœur est torturé?

ADATÉ.

Tant qu'il vivra, Timour !

TIMOUR.

C'est bien : je le tuerai !
(*A ce moment, entre le roi Babar, escorté d'un
grand concours de peuple, c'est-à-dire de tous les gens
qui, avec lui, et par son ordre, s'étaient mis à la recherche de l'étranger.*)

SCÈNE VI

ADATÉ, TIMOUR, BABAR, SITA, DÉIRA, LE
GRAND-PRÊTRE, LA FOULE, *puis* ISAAC

BABAR.

Ainsi aucun de vous n'a pu le rencontrer?

DÉIRA.

Ni moi !...

SITA..

Ni moi !...

LE GRAND-PRÊTRE.

Pas davantage !...
Un peu partout on nous signale son passage...

DÉIRA.

Tantôt de ce côté...

SITA.

Tantôt de ce côté...

LE GRAND-PRÊTRE.

Mais nulle part, dit-on, il ne s'est arrêté.

BABAR.

C'est bien l'homme dont il s'agit, reconnaissable,
Paraît-il. à sa grande barbe?

SITA.

Oh ! c'est bien lui, Seigneur, car, dans tout le pays,
Y en aurait-il deux à marcher comme lui?

LE GRAND-PRÊTRE.

Et c'est un homme insaisissable.

ADATÉ.

Mon père, vous m'aviez promis...
S'il ne revient pas aujourd'hui,
Les portes du tombeau devant moi déjà s'ouvrent...

BABAR.

Mais oui, cruelle enfant, mais oui !
Mais laisse-nous le temps au moins qu'on le retrouve !
On le retrouvera, je te le garantis.
Mais encor faut-il que l'on sache
S'il se cache,
Et pourquoi il se cache et où se cache-t-il...
Nous avons, Dieu merci, des policiers subtils.
Qu'on mobilise
La police,
Et, à cheval ou bien à pied,
Qu'on me batte tous les quartiers !
On le retrouvera, ton sauveur, va, ma fille !
Et même eût-il quitté la ville,
Aux environs nous le retrouverons ;
Et même eût-il quitté les environs,

A travers monts, à travers plaines,
Ne t'inquiète pas et qu'à cela ne tienne !
Je donne ordre que l'on prévienne, —
On le retrouvera, on le retrouvera, —
Aux frontières les plus lointaines...
(*Apercevant tout à coup Isaac, qui, du fond de la salle, se dirige vers la scène.*)
Mais l'homme qui s'en vient là-bas,
Il a bien une barbe, une barbe oui-da...
Ma fille, comme moi vous le voyez?...

ADATÉ.

Papa !...
C'est lui... l'émotion... je me contiens à peine...

BABAR.

Princesse, ne vous troublez pas.
Étranger ! Étranger ! où portez-vous vos pas?
Où courez-vous ainsi?

ISAAC.

Moi?... Mais, je me promène.

LA FOULE.

Honneur à l'étranger ! Honneur à l'étranger !

BABAR.

Prenez donc, étranger, la peine d'approcher,
Et souffrez que le Roi ici vous félicite
     Pour votre admirable conduite.
Sans vous je n'aurais plus de fille, affreux destin !
C'est un père et un roi qui vous serrent la main.

ISAAC.

Maintenant laissez-moi reprendre mon chemin,
Car j'aime mieux, Seigneur, vous dire tout de suite
     Que je n'ai eu aucun mérite...

BABAR.

Oui, votre modestie égale votre cœur ;
Pourtant vous n'allez pas vous dérober, je pense,
Aux gages éclatants de ma reconnaissance :
Je veux d'abord organiser en votre honneur
Un grand festin, avec des chants, avec des danses,
Que vous présiderez, hissé sur un pavois,
A côté de ma fille, et à côté de moi.

ISSAC.

C'est me prêter, Seigneur, beaucoup trop d'impor-
                                        [tance.

BABAR.

Trop d'importance à vous, notre sauveur?

LA FOULE.

Honneur à l'étranger ! Honneur ! Trois fois honneur !

BABAR.

Donc pour célébrer votre gloire
Et cet heureux événement,
Nous passerons la nuit à chanter et à boire,
Et ce n'est qu'un commencement...
Que les feux du couchant et les feux de l'aurore
Nous trouvent côte à côte, et festoyant encore...

ISAAC.

Toute la nuit assis ?...

BABAR.

Assis ou allongés,
Si vous préférez, étranger.

ISAAC.

Toute la nuit, hélas ! C'est impossible !

BABAR.

Voire !

Faudra-t-il me mettre en courroux ?
Impossible, osez-vous me dire ? Ignorez-vous
Qu'impossible, étranger, n'est pas un mot hindou ?

ISAAC.

Je le voudrais, ô Roi, et vous pouvez m'en croire,
Mais vos projets, pour moi si flatteurs et charmants,
Vont se heurter à un empêchement
Absolument rédhibitoire.

BABAR.

Qu'est-ce encore que cette histoire ?

ISAAC.

Un secret de famille ; à vous le confier
Je me déclare prêt, mais demande à le dire
A vous seul en particulier.

BABAR.

Eh bien ! que chacun se retire,
Et que nul ne nous vienne en ces lieux déranger !

LA FOULE, *en se retirant.*

Honneur à l'étranger ! Honneur à l'étranger !

TIMOUR, *en s'éloignant lui aussi avec Adaté.*

Toûjours à l'épouser vous êtes décidée?
Voyez qu'il ne vous a même pas regardée !
Et puis il n'est plus jeune, et puis il n'est pas beau.

ADATÉ.

Quand à l'eau je m'étais jetée,
Il s'est jeté à l'eau pour moi : c'est un héros !

TIMOUR.

Bref, de nous deux il en est un de trop ;
        Soit, plus un mot :
        J'ai mon idée !

                    (*Et ils sortent.*)

SCÈNE VII

BABAR, ISAAC

BABAR.

Eh bien ! je vous écoute ; et d'abord, s'il vous plaît,
    Ne pourriez-vous cesser d'aller

Et de venir de long en large,
Pareil au lion dans sa cage?
D'inquiétude et de mauvaise humeur,
Cette marche forcée est-elle pas le signe?
Je hais le mouvement qui déplace les lignes,
Et cela me fatigue et me fait mal au cœur.
Asseyons-nous !

ISAAC.

Hélas ! Voilà bien mon malheur :
M'asseoir? Insoluble problème !
Et vous comprendrez tout, Seigneur, après l'aveu
De mon nom tristement fameux,
Couvert d'opprobre et d'anathème ;
Oui, plaignez-moi : je suis, — hem ! hem ! —
Je suis, disons-le tout à trac.
Je suis Isaac
Laquedem.

BABAR.

Isaac laque — quoi ?

ISAAC.

Laquedem, oui, lui-même !
Comment, ce nom ne vous dit rien?

Laquedem, vous entendez bien,
Cordonnier à Jérusalem !...

BABAR.

Cordonnier? cordonnier? Il faut, la chose est sûre,
      Pour les souliers que vous portez,
N'employer que des cuirs de bonne qualité,
Car à marcher ainsi on peut craindre l'usure !...
      Sans doute êtes-vous appointé
      Comme agent de publicité
      Par un fabricant de chaussures?

ISAAC.

Publicité du crime affreux que j'ai commis,
      Et de la peine que j'endure,
Je publie, en effet, à travers tous pays,
Le juste châtiment qui me poursuit, depuis
Près de deux fois mille ans, et ça n'est pas fini,
      Et qui doit durer et qui dure :
En deux mots comme en cent je suis le Juif Errant,
Et vous ne pouvez pas ne pas être au courant
      De ma détestable aventure.
Pour punir l'insolence et la désinvolture
Dont j'accueillis Jésus au seuil de ma maison,
      Pour lui avoir dit : « Marche donc ! »
      Quand chargé de coups et d'injures,

Quand le Galiléen qui ployait sous la croix
Voulut se reposer chez moi,
C'est moi qui désormais, sans arrêt, sans relâche
Dois jusqu'au jour du Jugement
Constamment, éternellement,
Subir le tourment
De la marche :
Ainsi le Dieu de Nazareth en décida

En remontant au Golgotha.

BABAR.

Ta ! ta ! ta !
Le Dieu de Nazareth, soit dit pour qu'on le sache,
N'a rien à voir dans mes États,
Et seul ici le dieu Brahma
A le droit d'ordonner et de parler en maître.
Je m'en vais là-dessus consulter le Grand-Prêtre,
Mais je dis d'ores et déjà
Qu'avec ou sans l'aveu du Dieu de Nazareth,
Il convient qu'à l'instant votre marche s'arrête ;
Et même il vous faudra apprendre à vous tenir
Immobile comme un fakir,
Puisque vous prétendez épouser la Princesse...

ISAAC.

Mais je ne prétends rien...

BABAR.

Oui, mais elle m'en presse ;
Ou alors, vous ne deviez pas, en la sauvant,
Troubler le cœur de cette enfant.

ISAAC.

Mais à jamais j'ai renoncé au mariage,
Puisque je vous l'ai dit, et vous le voyez bien,
Puisqu'il faut que je sois constamment en voyage...

BABAR.

Pour assurer la paix de son ménage,
Ça n'est pas un mauvais moyen.
Et maintenant je n'écoute plus rien :
Ma fille vous aime, elle est belle.
Étranger, pas un mot de plus ;
Je considérerais, mon cher, votre refus
Comme une injure personnelle..

ISAAC.

Et l'expiation... mon crime...

BABAR.

Bagatelle,
Si de Brahma vous méritez

Ici la faveur tutélaire ;
Mais pour cela vous-devez faire
Preuve de bonne volonté :
De l'immobilité ! de l'immobilité !
Je vais chercher le Grand-Prêtre et ma fille.

(Il sort.)

SCÈNE VIII

ISAAC, puis TIMOUR

ISAAC.

Un Dieu vous dit : Reste immobile !
Un autre cependant vous oblige à marcher ;
Où est la vérité, la vertu, le péché?
Ah ! la vie est bien difficile !

TIMOUR, entrant, et marchant résolument vers Isaac.

Et maintenant, à nous deux, étranger !
Vous le savez, depuis votre arrivée,
La princesse Adaté m'a retiré sa foi ;
Je ne souffrirai pas, ou vous direz pourquoi,
Que celle que j'aimais me soit
Avec ce sans-gêne enlevée :
C'est pour me l'enlever que vous l'avez sauvée?
Pour la tirer de l'eau vous aviez ce motif...

ISAAC.

Mais pas du tout : ce fut par un geste instinctif.
Je ne suis pas de ceux qui disent, quand ils voient
Une femme dans l'eau : « Ce n'est rien », et la noient ;
    D'autant qu'entre nous je ne peux
  Périr par l'eau pas plus que par le feu,
Ou tout autre élément réputé dangereux ;
    Ce secret, je vous le confie,
Pour montrer le néant de votre jalousie :
La Princesse, jeune homme? En lui portant secours,
Mais je jouais, comme l'on dit, sur le velours,
Et je ne pensais guère à troubler vos amours,
    Je vous l'avoue en toute modestie.

TIMOUR.

  Allons, trêve d'hypocrisie !
Je saurai empêcher, les armes à la main,
    Que vous épousiez la Princesse,
    Et, avant tout projet d'hymen,
Il faudra bien que l'un de nous deux disparaisse!

ISAAC.

Un duel, pauvre jeune homme, un duel !...
    La fatalité qui m'accable

M'a fait, hélas ! invulnérable :
Comme mon châtiment je dois être éternel.
Un duel, pauvre jeune homme, un duel !...
Je me souviens qu'en l'an seize cent trente-quatre..

TIMOUR.

Ainsi vous refusez, étranger, de vous battre?

ISAAC.

En seize cent trente-quatre, à Paris,
Un gentilhomme me provoque ;
Je ne sais quel prétexte, ou futile, ou baroque
(C'était la mode alors), mon bretteur avait pris.
Le voilà donc qui me pousse une botte,
Et puis une autre, et puis une autre,
En plein dans la poitrine, et dans le cœur en plein,
Et, naturellement, moi, je ne sentais rien.

TIMOUR.

Vous fuyez le combat auquel je vous invite?

ISAAC.

Mais le plus drôle c'est la suite.
Par le guet nous sommes surpris ;

Il y avait alors les sévères édits
Du cardinal de Richelieu, sans pitié comme
Vous avez pu le voir dans *Marion Delorme.*
Bref, en place de Grève, à l'échafaud conduit,
J'en fis perdre au bourreau son latin, et sa hache
  Qui, à la fin, sur mon cou se fendit ;
Après quoi j'ai repris mon éternelle marche...
C'était en seize cent trente-quatre, à Paris.

TIMOUR.

Étranger, sache
Que je te crache
A la face tout mon mépris !
Tu ne veux pas te défendre? Péris
Comme un serpent que l'on écrase, lâche, lâche !...
  (*Il s'est précipité sur Isaac, qu'il frappe de son
poignard.*)

ISAAC.

Voilà votre poignard émoussé, et cassé :
  Et vous voilà bien avancé !

TIMOUR.

Il y a là quelque magie...

ISAAC.

Sans rancune, jeune homme, et laissez-moi passer.
(*Comme Isaac va pour sortir, il se rencontre avec la Princesse.*)

SCÈNE IX

LES PRÉCÉDENTS, ADATÉ

ADATÉ.

Demeurez, étranger, c'est moi qui vous en prie !
M'avez-vous donc sauvé la vie
Pour que votre départ me cause un déplaisir
Qui risque maintenant de me la reravir,
Tant il m'attriste et m'humilie?

TIMOUR.

J'ai tout fait pour le retenir ;
Mais cet homme ne peut s'arrêter ni mourir.

ADATÉ.

Ce mystère, étranger, expliquez-le, de grâce !
Ayez pitié de mon émoi.

ISAAC.

Que voulez-vous, Princesse, que j'y fasse ?
  C'est plus fort que vous et que moi,
  Je ne peux pas rester en place.

ADATÉ.

Pauvre raison donnée à ma disgrâce !
Votre obstination suffit à me montrer
  La faiblesse de mes attraits :
  Si vous aviez connu mes traits,
  Qui n'ont pas l'heur, étranger, de vous plaire,
  Continuant votre chemin,
Vous ne m'auriez sûrement pas tendu la main,
  Pour me sortir de la rivière !...

ISAAC.

  Que les femmes sont singulières !
Vous êtes fort jolie, et vous le savez bien,
  Et voulez que je vous le dise ;
Je vous le dis : exquise, eh ! vous êtes exquise ;
  Mais cela n'y changera rien.
  Pour vous donner un exemple typique,
Armide, — l'on vous a, Princesse, évidemment,
Parlé de sa beauté, de ses enchantements,
  Et de ses jardins magnifiques ?

7

Lorsque je faisais route, avec les compagnons
Du brave chevalier Godefroy de Bouillon, —
    Car mes habitudes nomades
    Me peuvent quelquefois servir,
    Et, ma foi, partir pour partir,
    Autant partir pour les Croisades, —
Ce fut, si j'ai bonne mémoire, en l'an du Christ
Mil quatre-vingt-dix-neuf ou quatre-vingt-dix-huit,
Qu'avec Renaud, Raymond, Baudoin. et quelques
                         [autres,

    D'Armide nous étions les hôtes.
    Par la perfide ensorcelés,
    Plus un ne voulait s'en aller ;
Vainement Godefroy de Bouillon les réclame,
Les adjure d'avoir à reprendre les armes,
Ils restaient à pâmer d'amour dans le jardin.
Moi seul, et je ne suis meilleur ni plus malin, —
    Mais Armide avec tous ses charmes
Fut impuissante à me garder dans ses filets, —
    Moi seul, malgré ses philtres, j'ai filé.
    Vous voyez bien qu'il n'y a pas, Princesse,
A vous formaliser de me voir repartir,
Puisqu'à m'en empêcher n'avait pu parvenir
    Une semblable enchanteresse.
Adieu donc ! Ce n'est pas pour vous désobliger,
    Mais la fatalité me presse.
*(Mais, au moment où il va pour s'éloigner encore,
la foule vient au-devant de lui et l'entoure.)*

SCÈNE X

LES PRÉCÉDENTS, BABAR, LE GRAND-PRÊTRE, DÉIRA, SITA, GARDES DU PALAIS, GENS DU PEUPLE

LA FOULE.

Honneur à l'étranger ! Honneur à l'étranger !

BABAR.

Comment ! Il s'en allait encor? Qu'on le ramène !
On l'invite à rester, on insiste, et il part !...
    Vraiment, c'est un manque d'égards
Insupportable, et pour ma fille, et pour moi-même ;
    Nous verrons bien ; et tout d'abord
    Passez-lui-moi autour du corps
Ce que vous trouverez de plus gros, de plus fort,
Comme cordes, comme liens, et comme chaînes !
        (Les gardes s'emparent d'Isaac.)

ISAAC.

Pour ce qui est de m'enchaîner,
C'est un mal que vous vous donnez,
En vérité, bien inutile :

En novembre dix-sept cent trois, à la Bastille,
 Le Masque de Fer, c'était moi...

LE GRAND-PRÊTRE.

Cet homme se moque du Roi !

ISAAC.

Louis Onze exigea qu'on me gardât à vue
Dans la cage du cardinal de La Balue,
 Ce ne fut que peine perdue ;
Enfin cet argument, je pense, est décisif :
  J'étais le voisin de cachot
  Du comte de Monte-Cristo
  Dans la prison du château d'If ;
Et les murs des cachots ni les barreaux des cages
Jamais n'ont retardé d'une heure mon voyage...

LE GRAND-PRÊTRE.

Et si l'on vous pendait pour avoir manqué à
L'ordre de votre Roi et la loi de Brahma?

BABAR.

Oui, si l'on vous pendait?

ISAAC.

Mais à votre service !
Lorsque je fus pendu pour la dernière fois,
C'était au moyen âge, à Montfaucon je crois ;
Montfaucon, ça n'existe plus, c'est loin... Ma foi,
Si l'on me pend, je vous réserve une surprise !...

ADATÉ, *au Roi.*

Le pendre, ô mon Roi, quelle horreur !
Son malheur sera mon malheur,
Je mourrai s'il faut qu'il périsse !...

BABAR.

Non loin d'ici est un cyprès,
Qui semble poussé tout exprès
Pour servir de gibet et remplir cet office :
A la plus haute branche à l'instant qu'on le hisse !

ISAAC, *cependant qu'on l'entraîne.*

Ne me reprochez plus, Princesse, de partir,
Car cette fois je vous promets de revenir ;
Mais c'est marcher encor que marcher au supplice.
(Il s'éloigne, escorté de la foule qui le hue.)

ADATÉ, *qui est restée seule avec Timour.*

C'est un héros et un martyr !

TIMOUR.

Un héros !... un martyr !... Mais puisque,
Il s'en vante d'ailleurs, il ne court aucun risque...

ADATÉ.

Pour douter de son héroïsme,
Vous, je voudrais bien vous y voir
Sur la potence où on l'expose...

TIMOUR.

Mais ce n'est pas la même chose :
La mort sur lui est sans pouvoir !
Mais pour que du Dieu l'on obtienne
Qu'il prolonge ici son séjour,
Je vous promets, Princesse, que la haine
Joindra sa prière à l'amour !

ADATÉ.

Ah ! je suis d'une impatience !

(Sita revient en courant.)

Eh bien?

SITA.

Eh bien ! c'est fait, madame, il est pendu,
En haut de l'arbre il se balance...

TIMOUR.

Cette fois, c'est la fin !...

DÉIRA, *revenant en courant.*

Inouï ! inouï !...
A peine accroché à la branche
Avec sa corde autour du cou,
Voici la branche qui se penche,
Et il s'est posé sur le sol
Comme un oiseau après son vol.
*(Reviennent le Roi et le Grand-Prêtre, et peu à peu
tous les assistants émerveillés.)*

BABAR.

S'il n'est de plus joli spectacle
Qu'un miracle
Bien réussi,
Il faut reconnaître,

Grand-Prêtre,
Que nul n'égala celui-ci.

ISAAC, *accourant à son tour auprès d'Adaté.*

Que la Princesse ici m'accorde
Que je n'ai pas été trop long ;
Et je lui rapporte
Ma corde :
C'est du bonheur pour la maison !

BABAR.

Un tel tour accompli d'une telle manière,
Nous n'avons pas dans l'Inde entière
Un fakir, le meilleur fakir de nos fakirs,
Qui aurait pu le réussir !

ADATÉ.

D'un sourire ma vie est tout illuminée...

BABAR, *à Isaac.*

Vous n'allez pas gâter cette belle journée,
Maintenant, étranger, par un brusque départ ?
Il faut que vous marchiez ? C'est bon ! Parfait !
[Sans doute !

Mais que vous marchiez là, ici, ou autre part,
Une route après tout est toujours une route ;
Pourquoi chercher si loin ce qu'on a sous la main,
Ou sous le pied ? Restez ; nous vous voulons du bien.
Restez, tout en marchant, mais à faible distance,
Allez, venez, vous en aurez toute licence,
Et nous ne songeons plus à vous en empêcher.
Nous voulons seulement, et sans vous faire offense,
        Sans prétendre à rien exiger,
        Profiter de votre présence...

ISAAC.

Ça m'est égal pourvu qu'en toute circonstance,
        Pourvu qu'on me laisse marcher.

TOUS.

Honneur à l'étranger ! Honneur à l'étranger !

RIDEAU.

ACTE II

Une terrasse du palais. Au lever du rideau, la Princesse et ses deux suivantes sont assises, travaillant à quelque ouvrage de dames.

SCÈNE PREMIÈRE

ADATÉ, DÉIRA, SITA

DÉIRA.

Il est exquis !

SITA.

Il est charmant !

ADATÉ.

C'est un charmeur !

DÉIRA.

Un entrain !... un brio !...

SITA.

Un esprit !... une verve !...

ADATÉ.

A vous conter il a toujours
De belles histoires d'amour,
De ces histoires dont on rêve...

SITA.

Pourquoi faut-il que ses visites soient si brèves?
Et, sans jamais qu'il les achève,
Que ses récits tournent si court?...

DÉIRA.

On l'écoute, avec quelle fièvre,
On est suspendu à ses lèvres,
Et alors qu'on attend
La suite,
Voilà brusquement qu'il vous quitte
A l'instant
Le plus palpitant !...

ADATÉ.

Il a connu des esclaves et des sultanes,
Des bergères et des houris ;
Sur les plus grandes courtisanes
Il a des détails inouïs...

SITA.

De la mode protéiforme
De tous les temps et de tous les pays,
Il est le témoin averti,
Et il a vu de ses yeux comme
S'habillait Messaline à Rome,
Et la Pompadour à Paris...

DÉIRA.

Et bien sûr que de ses voyages
A travers le monde et les âges
Oui, bien sûr qu'il a rapporté
Mille recettes, j'imagine,
Et des recettes de cuisine
Et des recettes de beauté,
Dont il nous ferait profiter...

ADATÉ.

Hélas ! notre hôte
A la bougeotte !
Brahma sans doute a voulu nous punir
D'avoir considéré, fatale inadvertance,
Avec tant d'ironie et tant d'impertinence
L'immobilité des fakirs.

Si courte que soit sa présence,
Sachons-la lui rendre, du moins,
Plaisante par nos petits soins,
Nos attentions délicates,
Afin qu'à revenir il mette un peu de hâte,
Et ne s'en aille plus trop loin.

DÉIRA.

On ne peut lui donner que des choses utiles ;
Or tout de suite j'ai songé
Qu'il faut un sac pour voyager :
Le sien, — depuis combien de temps le porte-t-il ? —
M'avait semblé fort usagé ;
Et de laines multicolores
Je lui ai donc brodé ce sac,
Avec des fleurs et des oiseaux qui le décorent,
Et au milieu, son prénom : Isaac.

SITA.

Sa fortune de quelques pièces
Se compose, nous a-t-il dit,
Sous, ou pence, ou maravédis,
Suivant les pays qu'il traverse.
Certe il n'est pas besoin d'un coffre ou d'une caisse,
Pour loger
Trésor si léger ;

Mais j'ai pensé, toujours en course,
Qu'il devait éprouver quelque incommodité
A sentir cet argent dans sa poche sauter :
Je lui ai fait avec des perles cette bourse.

ADATÉ.

Pour qui n'est pas accoutumé
A notre chaud climat de l'Inde,
Sans doute y a-t-il lieu de craindre
Qu'on n'en soit un peu déprimé ;
Lorsque brûle
La canicule,
Quand de l'intrépide marcheur
Le pauvre front se couvre de sueur,
Pour lui donner l'illusion de la fraîcheur,
Et qu'un doux zéphyr le caresse...
(*Elle déploie un éventail.*)

SITA.

Ah ! le joli travail,
Princesse !...

DÉIRA.

D'un coloris !... d'une délicatesse !

ADATÉ.

... Je lui ai peint cet éventail.

SCÈNE II

LES PRÉCÉDENTS, BABAR, ISAAC

BABAR, *bras dessus, bras dessous avec Isaac, conti-*
nuant la conversation commencée.

Que voilà par ma foi de curieux détails !
   Assurément à vous faire cortège,
     Mon cher, on ne perd pas son temps !
     Je vous l'avouerai cependant,
Volontiers maintenant je vais prendre ce siège,
   Et m'y reposer un instant ;

              (*Il s'installe.*)

   Et vraiment pour vous regretté-je
   Cette espèce de sortilège,
Qui vous prive, m'avez-vous dit, d'en faire autant !

ISAAC.

Vous me désobligez, Seigneur, en insistant ;
J'irai de mon côté faire, en vous attendant,
   Un petit tour dans la campagne.

DÉIRA.

Ne permettez-vous pas que l'on vous accompagne?
Et d'abord il me serait doux
D'offrir à l'étranger un présent bien modeste...

ISAAC.

Mais la valeur n'est rien, l'intention est tout !

DÉIRA.

Ce sac que j'ai brodé pour vous.

BABAR.

Peste !

ISAAC.

La splendeur de ce sac fera briller le reste,
Tout le reste de mon habit !

SITA.

Que cette bourse vous atteste
Combien nous attachons de prix,
Seigneur, à vos chères visites !

BABAR.

Fichtre !

ISAAC.

Mais avec une bourse aussi
Ravissante que celle-ci,
Mais il me semblera toujours que je suis riche !...

BABAR.

Et vous, Princesse, allons, allons, je parierais
Qu'elle aussi, heureux étranger, vous préparait,
    Je parierais, une surprise...
                    (*Adaté tend à Isaac son éventail.*)
Cet éventail ! Voyez, ma fille est une artiste !

ISAAC.

Un éventail? Croyez, madame, à mes regrets...
    Mais un éventail risquerait
    D'adoucir mon juste supplice.
Non, je n'ai pas, hélas ! le droit de m'éventer ;
Vous refuser, d'ailleurs, double mon sacrifice,
    Et je m'en vais pour n'être pas tenté.
    (*Et comme il allait se retirer, Déira et Sita se pré-
cipitent sur les pas d'Isaac.*)

DÉIRA.

Vous nous direz, vous nous direz par quelles pâtes,
Par quels onguents, par quels emplâtres,
Ce magicien fameux, Cagliostro...

ISAAC.

Oui, à Strasbourg, en dix-sept cent quatre-vingt-
[quatre...

DÉIRA.

Réussissait à donner à la peau
Une blancheur et un poli d'albâtre?

SITA.

Vous nous direz lorsque vous rencontrâtes
Pour la première fois Diane de Poitiers,
Dont l'autre jour vous nous vantiez
Le goût, le charme, l'élégance,
Si l'on portait alors chez les dames de France
Ou le vertugadin ou déjà les paniers ?

DÉIRA.
Vous nous direz...

SITA.

Vous nouz direz...
(*Et tous les trois s'éloignent en causant avec ani-*
mation.)

SCÈNE III

BABAR, ADATÉ

BABAR.

D'où vient ce voile de tristesse
Par quoi votre œil est obscurci?

ADATÉ.

Que maudit soit le jour où passa par ici
    Cet étranger qui ravit ma tendresse !
        Vous voyez comme il me délaisse,
        Vous voyez comme il a fait fi
De l'éventail que j'avais peint pour lui !...

BABAR.

Mais c'est pure délicatesse :
A l'instant il vous expliqua
La difficulté de son cas ;

Vous êtes injuste, Princesse,
Pour un homme si délicat !
Moi, pour ma part, je l'en estime davantage ;
Quand d'abord vous m'avez parlé de mariage
Avec un personnage aussi mystérieux,
Simple voyageur de passage,
Sans bagages,
Sur qui l'on ne pouvait avoir en aucun lieu
Nul renseignement sérieux,
Cela m'a semblé fou, ou tout au moins peu sage,
Bref, cela me séduisait peu.
Je n'ai rien dit pourtant, fidèle à ce principe
Qu'il ne faut pas heurter une femme de front,
Ni commencer par lui répondre : Non !
Car, loin qu'elle entende raison,
Bien au contraire, ça l'excite...
A l'étranger je rends hommage maintenant.

ADATÉ.

Mon père, n'est-ce pas, c'est un homme étonnant !...

BABAR.

C'est un homme d'expérience ;
Il en a tant vu et tant vu,
Rien ne le prend au dépourvu ;
Sa tête,

Une bibliothèque !
Évidemment, depuis le temps !...
Il est allé partout, regardant, écoutant ;
Rois, empereurs ou présidents,
De tous il sait ce que vaut l'aune ;
Qui peut administrer mieux que lui un royaume ?
Il connaît tous les précédents !
Même la guerre de Cent ans,
Il a vu perdre et vu gagner toutes les guerres,
Il sait comment on fait la paix,
Comment de la défaire on supporte le faix ;
Mais c'est surtout dans les matières
Financières,
Qu'il a dû recueillir d'importantes lumières.
Et justement sur ce sujet
J'aurais eu, de l'interroger,
Bien des raisons particulières ;
Il m'a souvent touché un mot
De plusieurs systèmes d'impôt
Qu'employaient d'heureuse manière
Des gens qu'il a connus, Sully, Colbert, Turgot..
Mais ce sont là questions malaisées
A traiter autrement qu'à tête reposée,
Ce sont des problèmes ardus
Qu'à discuter ainsi j'enrage,
En causant à bâtons rompus,
Et en marchant au pas de charge ;
Ah ! s'il ne marchait plus !...

Adaté.

Ah ! s'il ne marchait plus !...

SCÈNE IV

LES PRÉCÉDENTS, LE GRAND-PRÊTRE

Babar.

Mais que veut ici le Grand-Prêtre ?

Le Grand-Prêtre.

Je dois vous mettre au fait, Seigneur, d'événements
Qu'il m'est donné depuis peu de connaître,
Et qui risquent de compromettre.
Si l'on n'intervient promptement,
Vous et votre gouvernement :
Cet étranger en est la cause.

Babar.

Parlez, Grand-Prêtre, expliquez-nous les choses...

Le Grand-Prêtre.

Sans entrer dans un long exposé de motifs,
Nous sommes des contemplatifs :

Ni brusques mouvements, ni sentiments hâtifs,
Impassibilité et du corps et de l'âme,
        De nos sages, c'est le programme,
        Et de Brahma, et de ses brahmes.
        Là-dessus un homme est venu,
        Une espèce d'hurluberlu,
        Soit dit en toute révérence,
        Qui va, qui vient, un agité,
        Qui n'aurait pas grande importance,
Et qui n'inspirerait, n'étaient les circonstances,
        Que l'ironie et la pitié ;
        Mais on voit votre Majesté,
        Et la Princesse, votre fille,
        Lui témoigner de l'intérêt,
                L'honorer
            D'entretiens secrets,
        Le suivre en ses courses stériles,
L'accueillir comme s'il était de la famille :
                Tout cela fait
                Mauvais effet,
        C'est, tout cela, d'un déplorable exemple.
        Le jour approche, et je le sens venir,
        Le jour approche où mes fakirs
Ne voudront plus rester accroupis dans les temples,
Prétexteront qu'ils ont des fourmis dans les jambes :
        On ne pourra plus les tenir.
        Pour prévenir une révolte
        Il faudrait, ô Roi, que votre hôte

S'arrêtât à l'un ou à l'autre,
Sans retard, de ces deux partis :
Qu'il s'arrêtât ou qu'il partît !

BABAR.

Des deux solutions j'écarte
D'abord nettement celle-ci...

ADATÉ.

O mon père, ô mon Roi, merci !

BABAR.

Il n'est pas question qu'il parte !
Mais je souhaite, et suis le premier à tâcher
Qu'enfin il n'ait plus de marcher
L'obligation incommode.
Or il me semble, en y réfléchissant,
Pour obtenir que son Dieu lui accorde
De ses péchés miséricorde,
Que c'est affaire à Brahma tout-puissant ;
Avec le Dieu dont l'étranger relève,
Qui le force à marcher, et depuis si longtemps
Nul doute que Brahma ne règle
Au mieux de l'intérêt commun cet incident,
Tout simplement en le lui demandant

Comme de collègue à collègue.
Sans compter que cela vous rendrait tout loisir
De reprendre en main vos fakirs.

LE GRAND-PRÊTRE.

Nous allons ordonner des prières publiques.

BABAR.

C'est un moyen assez pratique
Dont on peut toujours essayer.

ADATÉ.

O mon père, ô mon Roi !...

BABAR.

Ma fille va prier !
(*Adaté sort.*)

BABAR.

Et maintenant, de vous à moi, Grand-Prêtre,
C'est ma fille qui m'inquiète :
Vous l'entendez, vous la voyez,
Vous connaissez sa nature impressionnable...
Que Brahma nous soit secourable,

Car pour cet étranger, qui sait de quels excès,
    Si l'on n'arrive à le fixer,
  La pauvre enfant serait encor capable?

LE GRAND-PRÊTRE.

Pareils à l'étranger, qui donc marche toujours?
    Roi, c'est le temps et c'est l'amour.

BABAR.

Le trait est délicat, Grand-Prêtre, et nous rappelle
  Que votre langue est experte aux discours ;
Mais il ne nous apporte, hélas ! aucun secours
    Dans la conjoncture actuelle.

SCÈNE V

LE GRAND-PRÊTRE, DÉIRA, TIMOUR

DÉIRA.

O mon Roi, du prince Timour
Devrons-nous désormais supporter en silence
  Les sarcasmes et l'insolence?

TIMOUR.

O mon Roi, votre patience
Voudra-t-elle longtemps encor
Que dans votre royaume impunément s'étale
Une débauche impie, et que fassent scandale
Ces filles folles de leur corps?

BABAR.

Prince Timour, parlez, je vous écoute.

TIMOUR.

J'ai trouvé celle-ci qui courait sur la route,
Décoiffée à demi, et dans quel désarroi,
Et qui criait : « Attendez-moi ! Attendez-moi ! »
Cependant qu'un homme, ô mon Roi,
Sur qui ma dignité me contraint à me taire
Pour des raisons particulières
Dont vous connaissez le pourquoi,
Cet homme, de ses cris ne se souciant guère,
Au loin déjà poursuivait son chemin,
A toute allure, entraînant par la main
Une seconde chambrière.

DÉIRA.

De plus mauvaise foi, de façon plus grossière,
Peut-on dénaturer les faits?
En effet,
J'étais demeurée en arrière,
Et l'horaire de marche auquel il est soumis,
Pour des raisons particulières
Que vous connaissez bien aussi,
A l'étranger n'a pas permis
De m'attendre, car, moi, je suis
Inhabile à marcher, et c'est toute l'affaire.
Et cela prouve que l'on a,
Et cela ne prouve que ça,
Pour les arts d'agrément, le dessin, la musique,
Beaucoup trop négligé, dans les pensionnats,
Notre éducation physique.

TIMOUR.

Des méthodes d'enseignement
Ce n'est pas ici le moment
De dresser l'examen critique,
Et mon Roi ne permettra pas
Qu'hypocritement on s'applique
A faire ainsi dévier le débat.
Il s'agit de savoir d'un hôte indésirable

Si la présence parmi nous
Bouleversera d'un seul coup
Toutes les lois de la morale?

DÉIRA.

Il s'agit de savoir d'un rival éconduit
Si la rancune et le dépit
Vont pouvoir s'ériger en dogme,
Et si l'on doit laisser calomnier un homme,
Qui est toute science et qui est tout esprit,
Et dont tel qui le blâme à peine serait-il
Digne, encor lui moins que personne,
Digne de brosser son habit :
Cet hôte indésirable, ô mon Roi, est votre hôte.

BABAR.

Il s'agit de savoir du Roi quel est l'avis,
Et le Roi c'est moi, et nul autre.

LE GRAND-PRÊTRE.

Il s'agit de savoir ce qu'en pense Brahma.

BABAR.

Voilà !
Voilà le mot qu'il fallait dire, et le Grand-Prêtre
Avec sagesse s'exprima :

Il s'agit de savoir ce qu'en pense Brahma.
        Comment pouvons-nous le connaître?
        Brahma consentira peut-être
A entendre nos voix et à nous conseiller :
Timour, Grand-Prêtre, et vóus ma fille, allons prier !
        (*Ils s'éloignent et, à peine s'étaient-ils éloïgnés, que
l'on voit sortir de l'avant-scène Isaac portant Sita dans
ses bras.*)

SCÈNE VI

ISAAC, SITA, *puis* ADATÉ

Sita.

O félicité sans seconde !
Lorsque mon pauvre corps s'était senti si las
Que mes pas refusaient d'accompagner vos pas,
        Vous m'avez prise dans vos bras :
Maintenant je voudrais vous suivre au bout du
                                        [monde !

Isaac.

Oui, mais le bout du monde, hélas !
Pour moi, cela n'existe pas ;
Au bout du monde, il faut que je reparte
        Et que je gagne un autre bout,
        Et de bout en bout, je constate
        Que le bout du monde, après tout

Ne figure que sur la carte...
Asseyez-vous, étendez-vous, reposez-vous,
Vous qui pouvez vous reposer, soyez heureuse !...
Et certes j'eusse souhaité
Passer ma vie à vos côtés,
Mais une force impérieuse
Ne me permet pas de rester ;
Excusez-moi si je vous quitte...

SITA.

Eh quoi ! Seigneur, rappelez-vous... le chemin
[creux...
Dans ce petit chemin quand nous étions tous deux,
Et que...
L'oubliez-vous si vite ?
Je vous aime, Isaac, je t'aime... et vous partez ?

ISAAC.

Ainsi se lamentait la reine Bérénice,
Madame, et mon cœur attristé
A dû pourtant céder à la nécessité ;
Que voulez-vous que je vous dise ?
Faut-il encore vous citer
Cette autre admirable beauté,
Femme d'un doge de Venise ?
Un soir de Carnaval, sur la place Saint-Marc,

Cette dogaresse m'avise ;
Près d'un canaletto je l'entraîne à l'écart,
En carnaval toute licence étant permise...
Que vous dirai-je? Il est une devise
Inscrite pour le lierre au langage des fleurs,
C'est : « Où je m'attache, je meurs ! »
Après une étreinte dernière,
La dogaresse à me garder n'a pas cherché,
Mais dérision singulière,
Elle me renvoya tout couronné de lierre,
Moi qui, pour prix de mon péché,
Moi qui ne puis mourir ni ne puis m'attacher.

SITA.

Ah ! Isaac, avez-vous eu des aventures !...
Avez-vous fait des passions !...

ISAAC.

Passons, chère Sita, passons !
Depuis bientôt deux mille ans que ça dure,
Je n'y prête plus, je vous jure,
Qu'une minime attention...

SITA.

Mais moi, il n'y a pas deux mille ans, ô barbare,
Que pour vous mon cœur a battu :

S'il faut que le destin aussitôt nous sépare,
   Ah ! pourquoi vous ai-je connu ?

ISAAC.

  Croyez-en mon expérience,
  Pas de reproches superflus ;
C'est un mal charmant que l'absence :
  Toujours l'amant le mieux pourvu
  De mérites et de vertus,
Mais c'est l'amant à qui l'on pense
C'est l'amant que l'on ne voit plus.

SITA.

  Et les baisers que j'ai reçus
Ne réclament-ils pas une chère présence ?
  Premiers baisers délicieux,
Ah ! Isaac, rappelez-vous... le chemin creux !...

ISAAC.

Quoi ? *bis repetita placent ?*
  (Joignant le geste et le baiser à la parole.)
Voici le bis... et même trois... et quatre... et cinq...

SITA, *à demi pâmée.*

Isaac... Isaac... faut-il que vous partiez ?...

ADATÉ, *entrant au bon moment pour interrompre ce jeu.*

Sita... Je vous cherchais, ma fille !... Allez prier !
(*Et Sita s'en va assez penaude.*)

SCÈNE VII

ISAAC, ADATÉ, *puis* BABAR

ADATÉ.

A la fille du Roi préférer sa suivante,
Vraiment, seigneur, quelle pitié !

ISAAC.

Mais c'est un trait dont je me vante
Au contraire, et vous devriez
Bien plutôt m'en remercier !
C'est la preuve que votre grâce
M'inspire un sentiment trop profond et trop vif.
Pour qu'avec vous, de ces gestes hâtifs,
Princesse, je me satisfasse !
Lorsque je passe, si j'embrasse
Quelque fille accorte en passant,
C'est sans conséquence, c'est sans
Y penser ou presque : je passe...

Pincer le menton,
Trousser une cotte,
Suffit pour Javotte
Ou pour Margoton ;
Un baiser par-ci,
Un baiser par-là,
Au revoir, merci !
Et puis l'on s'en va...
Mais mon cœur, prends garde
D'être jamais pris,
Car, à la hussarde,
Rien qu'à la hussarde,
L'amour t'est permis !

ADATÉ.

A la hussarde?

ISAAC.

A la hussarde, eh oui !
On m'a vu, ivre de cervoise,
Poursuivant les vierges gauloises,
Avec les hordes d'Attila ;
J'ai fait cela, j'ai fait cela,
Je m'en suis fourré jusque-là...
On m'a vu avec les Cosaques,
Oui, l'on m'a vu, moi, Isaac,
Dans les villes mises à sac

Pousser hardiment mon attaque ;
Avec les hussards de la Garde
J'étais dans les plaines lombardes,
J'ai pratiqué communément
Le rapt, le viol, l'enlèvement,
Non pas par goût, d'ailleurs, ni par tempérament,
Mais le moyen que je m'attarde
A faire, hélas ! du sentiment :
A la hussarde, à la hussarde, à la hussarde !
Je ne puis aimer autrement.

ADATÉ.

Et si je vous disais : « Isaac, je vous aime,
Aimez-moi n'importe comment !... »

ISAAC.

Vous mettriez le comble à mon ravissement,
Mais aussi le comble à ma peine.
Et certes j'eusse souhaité
Passer ma vie à vos côtés,
Mais une force surhumaine
Ne me permet pas de rester...

ADATÉ.

Restez ! la Princesse Adaté
Vous le demande, vous l'ordonne !

ISAAC.

Que je voudrais vous obéir !
Qui pourrait mieux me retenir
Qu'une Princesse aussi belle que bonne?
Mais cela est indépendant
De vous, de moi et de personne...

ADATÉ.

Embrassez-moi, du moins, en attendant :
Embrassez-moi... à la hussarde !...

ISAAC.

A la hussarde? Avez-vous réfléchi
Combien court est l'instant pendant lequel je puis
Interrompre ma promenade,
Et qu'il faudra, Princesse, qu'en dépit
De mes regrets, de mon souci,
Aussitôt après, que je parte?
Trois minutes à peine, au grand maximum quatre...

ADATÉ.

Isaac !... Isaac !... Isaac !... Isaac !...
Ce sera toujours ça de pris !

ISAAC.

A la hussarde?

ADATÉ.

A la hussarde, oh ! oui !...

BABAR, *surprenant Adaté dans les bras d'Isaac.*

L'aimable et gracieux spectacle
Qui rend mon cœur tout réjoui !
Étranger, enfin je constate
Que vous prenez plaisir à demeurer ici,
Et que — gloire à Brahma, au dieu Brahma mer-
[ci ! —

De nos prières
Le charme opère :
Car, après ce baiser, je crois, c'est chose claire,
Qu'il n'est plus question, mon cher, que vous par-
[tiez?

ISAAC.

Au contraire, hélas ! au contraire :
C'est le baiser de l'étrier.

ADATÉ.

O mon père,
Je désespère !

BABAR.

Que voulez-vous, ma fille, allez prier !
Pour moi, remis de ma fatigue,
En attendant que vous interrompiez
Pour de bon vos courses à pied,
Je recommencerai, mon cher, très volontiers,
Avec vous un peu de footing :
On recueille, à vous écouter, chemin faisant,
Mille renseignements d'un intérêt puissant ;
Simplement, je vous en conjure,
Modérez un peu votre allure,
Au lieu d'aller toujours l'accélérant...
(*Ils s'éloignent bras dessus, bras dessous.*)

ISAAC.

En mil huit cent dix-sept, M. de Talleyrand...
(*Et ils s'en vont.*)

SCÈNE VIII

ADATÉ, *puis* TIMOUR

ADATÉ, *seule.*

Brahma, ne me sois pas hostile,
Apaise mon cœur angoissé ;

Pour voir mon désir exaucé
Oui, sans doute conviendrait-il
Qu'en échange je te promisse
De consacrer à ton service,
En entière propriété,
Ma vie et ma virginité...
Oui, mais Brahma, si je fais vœu de chasteté,
Comprends que l'étranger pourra tout à son aise
Après cela, aller, venir ou s'arrêter :
Non que je m'en désintéresse,
Mais l'intérêt pour moi sera très limité ;
Comprends, Brahma, que cette clause
Me mettra, si tu me l'imposes,
Dans un singulier embarras ;
Brahma, pardonne-moi si j'ose
Soulever ce point délicat :
Demande-moi tout, mais pas ça !...
Bref, demande-moi autre chose...

TIMOUR, *entrant.*

Je vous épargnerai de stériles discours,
Madame, et simplement veux vous faire connaître
Ce que j'ai déclaré tout à l'heure au Grand-Prêtre :
Je pars, madame !

ADATÉ.

Au revoir donc, Prince Timour !
Vous partez, c'est bien votre tour !

TIMOUR.

Oui, mais vous ignorez peut-être
Que si, à ce départ, je me suis résolu,
Si, moi, je pars, c'est pour permettre
Que l'étranger enfin ne parte plus,
Cet étranger que vous n'aviez de cesse
De garder près de vous, Princesse.
Quand je serai parti, l'étranger restera :
Ainsi d'accord avec l'autre Dieu son confrère,
Ainsi Brahma en décida,
Du moins le Grand-Prêtre l'espère,
Et autant que l'on peut avoir
De certitude en ces sortes d'affaires...

ADATÉ.

Mais nos prières...

TIMOUR.

Vos prières
N'auront d'efficace pouvoir

Qu'à condition absolue
Qu'au marcheur enfin arrêté
Un marcheur suppléant de bonne volonté
Tout aussitôt se substitue.

ADATÉ.

Ce marcheur suppléant, ce marcheur serait ?..

TIMOUR.

Oui !

Oui, madame, j'ai réfléchi :
Qu'ai-je à faire en ce pays-ci
Que l'étranger bouleversa par sa venue?
De plus favorables climats
Me réclament ; que, par Brahma,
Vers eux ma marche soit guidée !
L'étranger triomphe aujourd'hui,
Je vous quitte la place et à vous, et à lui ;
Et puis... et puis
J'ai mon idée...

ADATÉ.

Voilà dans tous les cas un geste généreux ;
Pour tant d'élégance et de grâce,
Prince, il faut que je vous embrasse !

TIMOUR.

Mais, madame...

ADATÉ.

Si, je le veux !
Ou plutôt, ce que je souhaite.
C'est que vous, de bonne amitié,
Ici, Prince, vous m'embrassiez ;
Rappelez-vous : c'est une dette !
Quand vous vous étiez mis en tête,
Non comme aujourd'hui de partir,
Mais bien de devenir fakir,
Votre immobilité irritant mon désir,
J'étais nerveuse et inquiète,
Bref, par taquinerie autant que par plaisir,
Je vous embrassai donc...

TIMOUR.

Oui, dans le cou, madame !
Ce baiser-là, ce fut l'origine du drame,
Il n'a cessé de retentir
En moi jusques au fond de l'âme
Et j'en suis encore éperdu...

ADATÉ.

Ce baiser-là m'est toujours dû,
C'est lui, Timour, que je réclame,
Vous ne me l'aviez pas rendu.

TIMOUR.

Un baiser n'est jamais perdu...
                (Et il fait comme elle le lui demande.)

SCÈNE IX

ADATÉ, TIMOUR, BABAR

BABAR, *surprenant Adaté dans les bras de Timour.*

L'aimable et gracieux spectacle
Dont mon cœur est tout réjoui !
Enfin, Princesse, je constate
Que vous avez changé d'avis,
Et, par ma foi, j'en suis ravi !
L'étranger avait du mérite,
Je n'en disconviens pas, mais il marche trop vite :
Comment voulez-vous qu'on profite
Du charme de ses entretiens ?
Je viens encor de le perdre en chemin,
Et ma déception en est d'autant plus vive

Que l'intérêt de son récit était plus grand :
    Saurai-je jamais maintenant,
    Et cette ignorance me prive,
Ce qu'a pu devenir ce monsieur Talleyrand?...

ADATÉ.

    Vous le saurez, vous le saurez, mon père !
      Il est venu, cet heureux jour,
Où l'étranger pourra achever ses discours,
    Où, à loisir prolongeant son séjour,
De son charme rien plus ne nous viendra distraire,
      Il est venu, cet heureux jour,
      Et c'est grâce au prince Timour !
      C'est lui qui, rendant efficace
Le marché que Brahma, par nos plaintes ému,
      Avec l'autre Dieu a conclu,
Libère l'étranger en marchant à sa place !...

BABAR.

Vous avez fait cela? Voilà de la vertu !
    Prince, il faut que je vous embrasse !

TIMOUR, *s'arrachant à ses effusions.*

Grâce, ô mon Roi ! Princesse, grâce !
Ou voulez-vous vraiment que je ne parte plus,
    Tout mon beau courage en déroute?

ADATÉ, *vivement.*

Mais nous allons, seigneur, vous mettre sur la route.

BABAR.

Eh ! sans doute, Timour, sans doute !
Et j'ajoute :
C'est bien le moins !
Surtout ne prenez pas cette mine attristée !
Et qui sait quels retours ménage le destin?

TIMOUR.

Enfin... enfin...
J'ai mon idée !
(*A peine se sont-ils éloignés tous les trois que l'on
voit Isaac sortir de l'avant-scène en s'appuyant au
bras de Déira.*)

SCÈNE X

ISAAC, DÉIRA

DÉIRA.

Appuyez-vous sur moi, et ne voulez-vous pas
Que j'essaye de vous porter? Oh ! je suis forte !

Et mon plaisir, en pareil cas,
Décuplerait encor la force de mes bras :
Voulez-vous essayer, seigneur, que je vous porte?

ISAAC.

Non, non, je marche, et dois marcher
Sans me faire aider par nul autre ;
C'est un malaise passager...

DÉIRA.

Si vous pouviez au moins vous allonger?...

ISAAC.

Cela surtout il n'y faut pas songer !

DÉIRA.

Quel sort douloureux est le vôtre,
Vous qui n'avez jamais goûté
Les charmes de l'intimité,
Sans personne qui vous dorlote,
Personne pour s'inquiéter
De l'état de votre santé,
Vous préparer de petits plats bien mijotés,
Qui vous changent des cuisines de table d'hôte...

N'aimeriez-vous donc pas qu'une jeune beauté
    Se montrât à vous dorloter
    Attentive et industrieuse?

ISAAC.

    Croyez que j'eusse souhaité
    Passer ma vie à vos côtés...
    Mais une force impérieuse
    Ne me permet pas de rester...
    Oui, une force impérieuse...
    Quelle impression curieuse !.
Au contraire, voilà qu'un coup de fouet soudain,
    Je ne sais quoi, un tour de reins...
      Et dans les jambes
      Comme une crampe...
    Marcher, marcher, mais je ne puis !...
    Impossible que j'y résiste !
    Je vais m'asseoir, je vais m'asseoir, ce qui
Ne m'était, je crois bien, pas arrivé depuis
Trente-trois ans après la naissance du Christ !
    Et ne croyez pas que je triche :
    Mais, en toute sincérité,
Je me trouve à présent dans l'incapacité
    De mettre un pied devant l'autre !

(Et il s'assied.)

DÉIRA.

On va pouvoir enfin vous dorloter, cher hôte !

ISAAC.

Mais qu'ai-je donc à me sentir ainsi perclus !

DÉIRA.

Et si vous retiriez vos bottes?
Où voulez-vous que je vous frotte?

ISAAC.

Vous me comblez, je suis confus !
Ça va mieux... ça va bien... on est bien là-dessus...
Je l'avais oublié... Je n'aurais jamais cru
Que l'on fût aussi bien assis... C'est un poème !...

SCÈNE XI

LES PRÉCÉDENTS, LE GRAND-PRÊTRE, BABAR,
SITA, LA FOULE

LE GRAND-PRÊTRE.

Voyez, les temps sont révolus !
Connaissez de Brahma l'autorité suprême :
Non, il ne marche plus !

LA FOULE.

Non, il ne marche plus !

LE GRAND-PRÊTRE.

Il peut aller, venir et s'arrêter de même,
    Tout comme le premier venu.
Non, il ne marche plus !

LA FOULE.

Non, il ne marche plus !

LE GRAND-PRÊTRE.

Les temps sont révolus !

LA FOULE.

Les temps sont révolus

LE GRAND-PRÊTRE.

Mais il reste bien entendu,
Car les dieux ne sauraient admettre
Qu'on les traitât comme des girouettes,

Donc il reste bien entendu
Que, puisque vous avez voulu,
Et du dieu Brahma obtenu,
Qu'ici cet étranger fût fixé, il s'arrête,
Mais ne pourra plus repartir
Que si tel est son bon plaisir ;
Brahma vous laissera avec lui vous débattre...

BABAR.

Qu'il reparte? Comment? que notre hôte reparte?
Repartir ! Pas avant, car j'en suis fort pressé
Que l'histoire de Talleyrand ne soit finie !...

SITA.

Pas avant qu'il n'ait exposé,
Et non plus par fragments, par bribes, par parties,
Mais tout au long, les théories
Que depuis deux mille ans il avait recueillies
Sur l'amour...

DÉIRA.

Et sur le baiser...

ADATÉ.

Pas avant que l'hymen ensemble ne nous lie,
Car vous n'allez pas refuser,

Le Roi vous autorise et moi je vous en prie,
Dorénavant de m'épouser !...

DÉIRA.

Pour commencer...

SITA.

Pour commencer...

BABAR.

Oui, nous allons, pour commencer, organiser
Une grande cérémonie,
Danser, chanter, faire mille folies,
Oui, étranger, je veux vous vois danser
Avec ma fille et ses jeunes amies ;
Grande cérémonie en l'honneur de Brahma !

ISAAC.

Pour commencer, souffrez un instant que je souffle,
Souffrez que je m'accoutume à
Cette nouvelle vie, et laissez-moi dire : ouf !

TOUS.

Gloire à Brahma ! Gloire à Brahma !

Isaac.

Pour commencer que l'on m'apporte un pyjama,
Un pyjama, et des pantoufles !

Rideau.

ACTE III

La grande salle du Palais.

SCÈNE PREMIÈRE

ISAAC, BABAR

ISAAC, *fait son entrée porté sur une litière ; aux por-*
teurs.

Eh ! là, eh ! là... là donc... pas si vite !... tout
[doux !...
Nous ne sommes pas à la course !
Posez-moi là, messieurs, surtout
Pas de secousses, Dieu du ciel, pas de secousses !...
(Les porteurs se retirent.)
Salut au roi Babar ! Vous m'avez demandé ?

BABAR.

Salut ! Mais regardez-moi donc ?...

ISAAC.

Je vous regarde.

BABAR.

Qu'est-ce encore, Isaac, que cette nouveauté?
     Vous avez coupé votre barbe?

ISAAC.

J'ai fait couper ma barbe et tailler mes cheveux :
     C'est la conséquence d'un vœu.
Combien de fois passant devant la porte ouverte
     De quelque échoppe de barbier,
     Je voyais des gens barbouillés
De mousse de savon, qui lisaient les gazettes,
     Et qui causaient et qui riaient,
Et à qui l'on versait des parfums sur la tête ;
     Pouvoir comme eux franchir ce seuil,
     Et, installé dans un fauteuil,
     Me livrer à des mains expertes :
— Je ne vous fais pas mal, seigneur? — Atten-
                              [tion ! —
     Barbe, taille et friction ! —
          Mais non !
     De la coquetterie, ou même
     Tout simplement de l'hygiène,
     Ces soins ne m'étaient point permis,
     Il me fallait m'éloigner au plus vite ;
Cependant mes cheveux poussaient, ma barbe aussi

Jusqu'aux plus extrêmes limites,
Tant qu'à le constater on restait confondu,
Et que tous à me voir convenaient tout de suite
Qu'ils n'avaient jamais vu un homme aussi barbu !...

BABAR.

Oui, mais les personnes du sexe
Témoignent volontiers dans leurs opinions
    D'un grand esprit de contradiction ;
Elles se buttent pour un rien, elles se vexent !
Vous trouviez votre barbe et vos cheveux trop longs,
    Vous les avez fait couper, bon !
Mais ma fille, non consultée, en prendra texte
Pour accuser encor votre manque d'égards ;
Je voulais justement vous en dire un mot, car
La Princesse, mon cher, n'est pas du tout contente,
    Et s'inquiète, et se lamente,
    Et n'a pas tort, se lamentant,
    De juger, pour un prétendant,
    Votre conduite peu galante :
    Vous dormez les trois quarts du temps,
    Qu'elle soit absente ou présente ;
Quand vous ne dormez pas, alors vous ne songez
Qu'à manger et à boire, à boire et à manger :
Avoir un fiancé constamment partagé
    Entre le sommeil et la table,
Pour une fiancée est-ce un sort supportable?

ISAAC.

O roi Babar, daignez aussi considérer
    Combien j'avais d'arriéré ;
    Deux mille ans sans voir, sur la nappe,
    Devant moi un repas servi,
    Deux mille ans sans avoir dormi
        Dans un lit,
Je me rattrape, évidemment, je me rattrape !...
Pourtant, ne soyez pas injuste, mes récits
    Vous charment aussi après boire :
Tenez, je veux vous faire oublier ces soucis,
Et vais de Talleyrand vous raconter l'histoire...

BABAR.

Je la connais, je la connais, merci !...

SCÈNE II

LES PRÉCÉDENTS, LE GRAND-PRÊTRE

LE GRAND-PRÊTRE.

Je ne m'attendais pas à vous trouver ici,
Lorsque, depuis longtemps, la Princesse et ses dames
    Dans la tribune, étranger, vous réclament.

Les trompettes déjà trois fois ont retenti,
Les coureurs sont partis...

ISAAC.

Les coureurs sont partis?

LE GRAND-PRÊTRE.

Auriez-vous oublié la course d'aujourd'hui?
Pareille négligence à bon droit nous attriste.
Une épreuve de marche au pays des fakirs,
C'était paradoxal, il faut en convenir,
Mais nous avions voulu, et c'est sur quoi j'insiste
    Par ce moyen faire honneur et plaisir
A qui dans le passé, sinon dans l'avenir,
Fut de la course à pied le grand spécialiste ;
    Même nous espérions un peu
Qu'avec les concurrents descendant sur la piste,
    Afin de les piquer au jeu,
Que vous consentiriez à marcher avec eux,
    Au moins les derniers cinq cents mètres ;
Vous auriez aisément établi ce record
    Et gagné la couronne d'or
    Que votre fiancée alors
Eût été, comme il sied, fière de vous remettre...

Babar.

Bien parlé, bien parlé, Grand-Prêtre !

Le Grand-Prêtre.

Mais vous nous avez dit que, pour marcher encor,
    Vous aviez trop marché : d'accord !
  Pour la Princesse, il semble que peut-être
Vous auriez dû, pourtant, faire un petit effort ;
Je ne vous cache pas qu'elle en fut dépitée...
Un autre de ses mains recevra donc le prix ;
N'oubliez pas, du moins, que, membre du jury,
Avec elle vous êtes juge à l'arrivée.
Elle doit commencer à s'impatienter...

Isaac.

  Quand on a eu comme moi l'habitude
    De compter sur l'éternité,
On perd le sens de l'heure et de l'exactitude,
    Bref, on n'est plus à un quart d'heure près...
Mais ma litière est là, mes porteurs toujours prêts.
    D'une seconde, c'est l'affaire :
Holà ! Messieurs ! holà, porteurs ! holà, faquins !
  (Les porteurs rapportent la litière, sur laquelle
s'installe Isaac.)

LE GRAND-PRÊTRE.

La piste est à côté : vraiment est-il aucun
Besoin de votre palanquin?
Et qu'avez-vous à monter en litière?

BABAR.

Oui, n'est-ce pas, dites-lui donc qu'il exagère !
Pour s'en aller de la salle à manger
Tout simplement à sa chambre à coucher, —
Remarquez qu'il ne fait jamais d'autre trajet,
Et il y a tout juste à franchir une porte —
Eh, bien ! non, il faut qu'on le porte !

LE GRAND-PRÊTRE.

Mais de grossir, n'êtes-vous pas préoccupé?
Car, malgré votre barbe et vos cheveux coupés,
Les gens qui grossissent
Vieillissent,
Et l'on devient obèse, à ne vous point tromper,
Quand on prend si peu d'exercice !

ISAAC.

Obèse ou non, je veux me rattraper !
(*Il s'en va sur la litière avec les porteurs.*)

SCÈNE III

BABAR, LE GRAND-PRÊTRE, *puis* ADATÉ

Babar.

Et voilà l'homme !

Le Grand-Prêtre.

Et voilà l'homme !

Babar.

                Ah ! oui, quel hôte !...
Si j'avais pu prévoir !... Mais quoi, c'est bien ma
                      [faute :
J'aurais dû me douter qu'étant le Juif Errant,
Quand il n'errerait plus, il serait différent,
    Tout à fait différent de l'autre !
    A l'usage cet Isaac
S'est aussitôt révélé maniaque,
Sans éducation, sans esprit et sans tact,
    Un cordonnier, pas même, un gniaff !...
    Et dans sa bouche, sans relâche,
    Ce sont des contes d'almanach,
Histoires sans attrait, qui n'en finissent pas,
    Et patati, et patata,

Pas un détail oiseux dont il nous fasse grâce :
Il se rabâche, il se rabâche !...
Et penser cependant, penser
Qu'il nous avait si vivement intéressés,
Quand il ne faisait que passer !...

LE GRAND-PRÊTRE.

Roi, par les nuits d'été, une flamme inconnue
Parfois brille soudain et sillonne la nue,
Et, devant nos yeux éblouis,
De sa lueur le ciel semble rempli ;
Tel est l'aérolithe ou étoile filante,
Qu'en ses vers le poète chante,
Et dont l'amant, la main dans la main, à l'amante
Parle sur un ton attendri.
Mais à nouveau le ciel s'est obscurci,
Et nous devrons alors réfléchir à ceci :
L'étoile filante ne brille
Que dans l'instant où elle file ;
Quand sa course s'arrête et qu'à terre immobile
Elle demeure, on s'en aperçoit tout à coup :
Ce n'est qu'un vulgaire caillou.

BÁBAR.

Grand-Prêtre, je comprends l'allusion subtile,
Mais cela empêchera-t-il

Cet Isaac de devenir l'époux,
  S'il reste, d'Adaté, ma fille?
Et comment maintenant l'empêcher de rester?
Comment nous en débarrasser? C'est le problème.
    Ayant eu l'imprudence extrême
      De demander
      A l'arrêter,
On ne peut le chasser contre sa volonté,
    Il faut qu'il parte de lui-même.

LE GRAND-PRÊTRE.

Ainsi les dieux formellement l'ont décidé.

BABAR.

  Or il serait assurément étrange
    Qu'il demandât à repartir :
Il boit tout son content, tout son content il mange,
      Tout à loisir
      Il peut dormir...
  Ah ! il n'a pas perdu au change !
Mais c'est ma fille, hélas ! la princesse Adaté, —
    Avec cela beaucoup trop fière,
  Dans son erreur pour ne pas s'entêter :
    Vous connaissez son caractère ! —
C'est elle, pauvre enfant, qui a dû déchanter
En voyant son amant si mal accommodé

Par le régime sédentaire !

(Paraît Adaté.)

Elle vient ; chut ! sachons nous taire,
Gardons-nous par nos commentaires
D'ajouter à son déplaisir,
Mais feignons, feignons au contraire
De trouver que ce Juif, toujours comme naguère,
A tout pour plaire
Et pour séduire...
Hein ! Grand-Prêtre, il s'entend à faire des récits
Qui déridaient les plus moroses !
Il m'a sur Talleyrand dit des choses... des choses...
Jamais je n'ai tant ri !...

LE GRAND-PRÊTRE, *lugubres.*

Jamais je n'ai tant ri !...

ADATÉ.

Eh bien ! seigneur, riez encor, riez aussi
A la nouvelle que j'apporte :
C'est que je préfère être morte,
Et ne puis supporter plus longtemps les mépris,
Et les affronts dont cet homme m'abreuve !
Le fleuve est encor là et je vais dans le fleuve
Me jeter, sans que l'étranger
Ait cette fois souci, ni de m'en empêcher,

Ni surtout de me repêcher !
Oui, cette fois, je suis tranquille !

(Elle s'éloigne.)

BABAR, *cherchant à la retenir.*

Ma fille?... où courez-vous?... Ma fille !...
Il faut s'attacher à ses pas,
Il faut écarter le trépas
Que son délire appelle et brave !...

LE GRAND-PRÊTRE.

C'est quand, de son funeste et funèbre désir,
Elle négligera, Roi, de vous avertir,
C'est alors que ce sera grave !
*(Ils s'en vont à la poursuite d'Adaté. Revient Isaac,
sur sa litière, escorté de Déira et de Sita.)*

SCÈNE IV

ISAAC, DÉIRA, SITA

ISAAC.

J'arrive à cette course ; on m'accueille ; mais la
Princesse d'abord n'est plus là :
A-t-elle cru que je ne viendrais pas,

Ou bien fait semblant de le croire?
Les organisateurs me proposent de boire
    Et de manger ; mais où? mais quoi?
Il y a en tout et pour tout un buffet froid :
    M'emmener à un buffet, moi,
    Maintenant que je puis m'asseoir,
M'asseoir à table, une serviette autour du cou.
    M'inviter à manger debout !
    Voyons, voyons, c'est dérisoire !...

DÉIRA.

Oui, je l'avais bien dit, ce qu'il vous faut à vous,
Ce sont de ces bons plats qui lentement mijotent,
    Et que je saurais
    Tout exprès,
Si vous vouliez, vous préparer, cher hôte !...
Des plats qui mijotent, mijotent !...

ISAAC.

Oui, oui, je me souviens... C'était en Languedoc...
    Là-bas, là-bas, sur les côtes de France...
    Ah ! que j'ai douce souvenance !
    Au beau pays languedocien...
    Je me souviens... je me souviens...
Sur un feu tempéré, je vois deux casseroles :
Dans l'une un quartier d'oie ou de canard confit

De petits saucissons aussi,
Et des côtes de porc ou de mouton rissolent ;
N'oubliez pas les aromates,
Deux tomates,
Et des oignons coupés en quatre ;
Cependant que de blancs haricots de Soissons
Poursuivent à côté une lente cuisson...
Que deux heures durant cette cuisson opère
Puis dans le même plat en terre,
Oie ou canard, mouton ou porc, que, tour à tour,
Que la viande soit disposée entre deux couches
De haricots tout prêts à fondre dans la bouche ;
Après quoi vous mettez au four.
Lors, au-dessus du plat, une croûte se dore,
Épaisse et grasse : brise-la,
Car il faut au reste du plat
Que ses éléments s'incorporent ;
Remets au four, attends qu'une autre croûte encor
Se forme à nouveau, que tu dois
Briser ainsi, briser toujours, jusqu'à six fois :
Si tu veux t'en lécher les doigts,
Tu serviras à la septième.
Et c'est, onctueux et parfait,
En Languedoc régal suprême,
Ce que l'on appelle une crème
De haricots, ou cassoulet.

DÉIRA.

Point par point, cher seigneur, j'ai noté dans ma
[tête

Tous les détails de la recette ;
Vous en aurez
Quand vous voudrez :
A faire un cassoulet s'il vous plaît je suis prête.

SITA.

Comme dans les festins antiques,
Nous vous couronnerons de roses,
Et, au son d'exquises musiques,
En vaquant aux soins domestiques,
Nous prendrons des poses, des poses,
Nous prendrons des poses plastiques...

DÉIRA.

Mais sans doute pour satisfaire
Votre nature poétique,
Vous souhaitez, seigneur, qu'on vous dise des vers?
Il suffit qu'on me le demande :
Je connais toutes les légendes
De notre merveilleux pays,
Et les fables de Bidpaï ;
Des vers je puis en faire entendre

Depuis l'aurore aux doigts vermeils,
Jusques à l'heure où le soleil
A l'horizon commence de descendre;
Des vers, je sais des vers tout pleins
Du chant du rossignol, de l'odeur des jasmins,
Je sais des vers où se répand et plane
La Sagesse des dieux, et celle des Brahmanes ;
Je sais des vers d'amour, vous plaisent-ils ainsi?
Des vers où quelque amant a mis toute son âme...
Pour commencer, vous dirai-je aujourd'hui
Des vers d'amour?...

SITA.

Mais il s'est endormi !
(*Et confortablement allongé sur un divan, Isaac,
en effet, s'était endormi.*)

SCÈNE V

ISAAC, *endormi*, DÉIRA, SITA, ADATÉ

DÉIRA *et* SITA.

Princesse...

ADATÉ.

Il est ici, n'est-ce pas? A mon père,
J'ai promis d'avoir avec lui

Une explication dernière,
Avant que ma douleur autant que ma colère
Cherchent l'apaisement suprême de la mort.
Il est ici, laissez-nous !...

SITA.

Mais...

DÉIRA.

Il dort !

ADATÉ.

Encor !
Il dort, c'est tout ce que sait faire
Ce héros extraordinaire !
A quoi bon insister ? Que pourrais-je essayer ?
On devrait toujours, quoi qu'on dise,
Des voyageurs se méfier !
Ma confiance s'est méprise,
La lourde erreur que j'ai commise,
C'est ma mort qui va la payer.

DÉIRA.

Mais, Princesse, il faudrait au moins le réveiller :
Il ignorait votre présence.

ADATÉ.

Le réveiller ? Soit ! J'y consens ; faites silence !
Nous allons, vous et moi, tenter l'expérience
        Et constater ainsi jusqu'où
    Vont sa froideur et son indifférence ;
Nous allons, vous et moi, l'embrasser dans le cou.

SITA.

Nous, Princesse, que nous...

DÉIRA.

                        Que nous...

ADATÉ.

Est-il pour réveiller les gens moyen plus doux ?
    J'ai dit. Que Déira commence !
    (*Et Déira embrasse Isaac, qui ne bronche pas.*)

ADATÉ.

Rien !

SITA.

    A moi !
        (*Même jeu de Sita.*)

Adaté.

Toujours rien !
(*Elle embrasse Isaac.*)

Déira.

C'est fou !

Adaté.

Et je rêvais d'avoir cet homme pour époux !
Mon père ne pourra, je pense,
Me reprocher d'avoir manqué de patience ;
Je veux dans cette épreuve aller jusques au bout :
Et c'est pour mon père, après tout, —
Je l'embrasserai sur la bouche !
(*Ce qu'elle fait.*)

Sita.

Il a bougé, Princesse !...

Déira.

Il bouge !...

Adaté.

Seigneur, c'est moi, cher Seigneur !...

Isaac, *tournant la tête.*

Une mouche !
(*Et faisant le geste de l'écarter, il se rendort.*)

SCÈNE VI

LES PRÉCÉDENTS, LE GRAND-PRÊTRE

Le Grand-Prêtre.

Iè arrive ! il arrive ! Il est même arrivé !
Un coureur, dépassant de loin tous les horaires,
  Grâce à ses jarrets exemplaires,
Princesse, a, dans l'instant qu'on ne l'attendait
                                          [guère,
    Déjà son parcours achevé,
    Et le seul désir qui le presse
    Est de saluer votre Altesse :
    Il en sollicite l'honneur.

Adaté.

Non ! qu'on me laisse ! qu'on me laisse !
Dans mon chagrin et ma détresse,
Non, vraiment, je n'ai pas le cœur
De remettre aujourd'hui sa couronne au coureur !

LE GRAND-PRÊTRE.

Mais si de ce coureur je vous disais, Princesse,
Si vous m'autorisiez à vous dire le nom...

ADATÉ.

Ce serait non !

LE GRAND-PRÊTRE.

Non?

ADATÉ.

Non, vous dis-je !

LE GRAND-PRÊTRE.

Non !
Car vous le connaissez !...

ADATÉ.

Ah ! que je le connaisse,
Il n'importe !...

LE GRAND-PRÊTRE.

Écoutez toujours :
Le vainqueur de la course est le prince Timour.

Déira et Sita.

Quoi ! Le Prince a couru?...

Adaté.

Timour court?...

Le Grand-Prêtre.

Ah ! s'il court !...
Derrière cette porte il attend, avec quelle
    Impatience et quel émoi
      Que votre chère voix
        L'appelle...
Et quant à vous, mesdemoiselles,
La curiosité est, certes, naturelle
Qui vous tient au sujet de ce héros ; mais quoi !...
Venez, venez !... Vous le verrez une autre fois.
(*Il se retire, emmenant Déira et Sita.*)

SCÈNE VII

ISAAC, *endormi*, ADATÉ, TIMOUR

Adaté, *allant au-devant de Timour.*

Timour !...

TIMOUR.

Princesse !... Enfin je vous revois !
Vous vous étonnerez peut-être
Qu'à vos genoux tout aussitôt je ne me jette?
Mais, semblable à celui que j'ai dû remplacer,
C'est moi qui, désormais, et sous aucun prétexte,
Jamais, Princesse, ne m'arrête ;
Vous voudrez donc bien m'excuser.

ADATÉ.

Vous êtes tout excusé, certes !
J'ai tant, tant à vous dire... et par quoi commencer?
Votre barbe, à présent, vous la laissez pousser?

TIMOUR.

Il le faut quand on est constamment en voyage...

ADATÉ.

Mais, Prince, ne regrettez rien !
Cela donne à votre visage
Quelque chose de grave, et qui vous va très bien ;
Cela vous change, c'est certain,
Mais vous change à votre avantage...

TIMOUR.

Hélas ! madame, quel dommage
Qu'on ne puisse son cœur changer
Avec une aisance pareille !...
Mais vous êtes heureuse avec cet étranger ?...

ADATÉ, *montrant Isaac endormi.*

Il est là, vous voyez... Oh ! de nous déranger,
Prince, il n'y a aucun danger ;
Dans un sommeil profond vous le voyez plongé,
Et quand il dort, rien ne l'éveille.

TIMOUR.

Eh ! quoi, lorsqu'on peut, trop heureux,
Les emplir à plaisir de votre chère image,
Comment auprès de vous aura-t-on le courage,
Princesse, de fermer les yeux ?

ADATÉ.

Merci, Prince ! Que cet hommage
Est à mon cœur délicieux !
Je n'y suis plus accoutumée !...
Je le sens à présent, vous, vous m'avez aimée,
Timour, je vous méconnaissais ;

Mais de tous les méchants accès
D'humeur et de coquetterie,
Dont bien injustement je vous faisais souffrir,
Voyez, prince Timour, comme je suis punie !
Du moins, seigneur, je vous en prie,
Indulgent à mon repentir,
Ah ! qu'à me pardonner vous daigniez consentir,
Pour que l'âme apaisée et ma peine abolie,
Il me soit permis de mourir !

TIMOUR.

Quoi, dès la première entrevue,
La mort est votre premier mot,
Et vous voulez mourir encor, ça continue !...

ADATÉ.

A mon sort misérable est-il une autre issue ?
Mais cet homme, de s'en aller
Ne veut plus entendre parler.
S'il reste, comprenez qu'il faut que je l'épouse,
Or, comme à repartir nul ne le peut forcer,
Oui, plutôt que de l'épouser,
Timour, la mort me sera douce !

TIMOUR.

Brahma ne voudra pas laisser
S'accomplir, Brahma qui nous voit, qui nous écoute,

Un tel sacrifice insensé ;
Que l'étranger consente à reprendre sa route,
Qu'il y consente de plein gré,
Cela suffit, n'est-il pas vrāi?

ADATÉ.

Cela suffit, sans doute ; mais j'en doute...

TIMOUR.

Nous verrons bien ; un rapide entretien
Peut le contraindre à renoncer à votre main
Et à poursuivre son chemin !

ADATÉ.

Que n'en suis-je persuadée?
Cette main, en tout cas, vous l'aviez demandée,
Timour, la voulez-vous encor?

TIMOUR.

Ah ! Princesse !...

ADATÉ.

Ma main, d'abord
Que vous m'aurez arrachée à la mort,

C'est bien le moins, Timour, doit vous être accordée !

TIMOUR.

Un tel espoir me rend invinciblement fort :
Confiance ! J'ai mon idée !
(*Et, pendant qu'Adaté se retire, Timour va vers
Isaac, qu'il secoue rudement.*)

SCÈNE VIII

ISAAC, TIMOUR

TIMOUR.

Et maintenant, étranger, à nous deux !
Holà ! réveillez-vous ? N'avez-vous point de honte ?
C'est assez prolonger un sommeil scandaleux !
Il faut vous secouer un peu !...

ISAAC.

Mais qu'y a-t-il, mon cher monsieur ?

TIMOUR.

Nous avons à régler nos comptes.
Souvenez-vous : je suis celui,
Oui, celui dont vous avez pris

Cyniquement la place ici,
Et dans le cœur de la Princesse ;
Je ne sais par quelle faiblesse,
Je me suis effacé d'abord, j'étais parti ;
Mais je pensais : du moins, ma Princesse est heu-
                                    [reuse !

Songer à son bonheur consolait mon souci...
Or, quand je reviens aujourd'hui,
Je la retrouve en une angoisse affreuse,
Et vous, je vous trouve endormi :
On sent confusément le drame
Se préparer dans la maison ;
C'est pourquoi vous jugerez bon
Que, modifiant le programme,
Ma place, je vous la réclame,
Et vous me la rendrez, ou me rendrez raison !

ISAAC.

Mais d'abord permettez, jeune homme, que j'écarte
Ce projet insensé qui consiste à nous battre,
Car me battre avec vous n'avancerait à rien ;
Je suis invulnérable, et vous le savez bien.
En l'an seize cent trente-quatre...

TIMOUR.

Oui, vous me l'avez raconté...
Apprenez seulement qu'à tort vous persistez

Dans une illusion qu'il convient qu'on vous ôte :
    Du jour où vous avez cédé
    Aux instances du Roi votre hôte,
    Du jour où vous vous êtes arrêté,
Vous avez renoncé à l'immortalité,
Et je peux vous tuer, mon cher, tout comme un
                        [autre !

ISAAC.

    En vérité? En vérité ?
Mais je n'en savais rien lorsque j'ai accepté...
On aurait pu me prévenir...

TIMOUR.

             Est-ce ma faute?
Donc, en garde ! Et tâchez de sauver votre peau,
    Comme nous défendrons la nôtre !

ISAAC.

    Tout beau, mon cher monsieur, tout beau !
Évidemment il y a là un fait nouveau,
      Et qui vaut
    Qu'avec sang-froid on l'examine,
    Sans, pour cela, qu'on s'extermine...
La Princesse vous a semblé d'humeur chagrine?

TIMOUR.

Votre présence ici lui cause un déplaisir,
    M'avouait-elle à l'instant même,
Tel que, si vous restez, elle aime mieux mourir,
    Car maintenant c'est moi qu'elle aime.
Je tiens, mon cher, à vous en avertir !

ISAAC.

Ainsi ai-je bien fait tout au moins de venir,
Je le dis en dépit de ma déconvenue,
    Puisque aussi bien, avant cette venue,
De l'amour que pour vous elle allait ressentir
La Princesse, mon cher, ne s'était aperçue...

TIMOUR.

Si vous avez bien fait, en effet, de venir,
Vous ferez mieux encor, mon cher, de repartir,
    Car, pour tirer de peine la Princesse,
Il faut que l'un de nous s'en aille et disparaisse.
    Or, je vous préviens que mon bras
    A vous y contraindre s'apprête !...

ISAAC.

Votre bras? Ou le mien peut-être?

TIMOUR.

Ou vous, ou moi ; mais l'un de nous deux, en tout
[cas !

(*Et comme ils vont en venir aux mains, brusque
entrée de la Princesse.*)

SCÈNE IX

ISAAC, TIMOUR, ADATÉ, *puis* BABAR, *puis* LE
GRAND-PRÊTRE, *puis* DÉIRA *et* SITA

ADATÉ.

Prince, ni lui ni vous ! Entre vous je me jette !...
    Être la cause et le prix d'un combat,
C'est ce que je craignais, ce que je ne veux pas !...
    Il n'est pas permis que j'oublie
Quelle reconnaissance à cet homme me lie,
Et vais-je souhaiter que l'on prenne la vie
A celui qui jadis me retira de l'eau ?
Mais, par contre, Timour, si c'est à vous qu'il faut
    Que l'existence soit ravie,
    Timour, ô mon Prince adoré,
Jamais aurai-je assez de larmes pour pleurer ?
Oui, quoi que vous fassiez, hélas ! quoi que je fasse,
    Seule la mort peut me tirer

Dorénavant de cette impasse ;
C'est moi qui dois mourir, Timour, et je mourrai !

BABAR, *entrant brusquement.*

Non, non, cruelle enfant, je t'en empêcherai !
Transgresseras-tu donc ma volonté suprême?
Ou si, insensible aux regrets,
Aux supplications de ton père qui t'aime,
Si, regrettant sans doute un impossible hymen,
Tu tournes vers ton sein une homicide main,
Si tu meurs, je mourrai moi-même !

LE GRAND-PRÊTRE, *entrant brusquement.*

Eh bien ! non ! vous ne mourrez pas !
Vous n'avez pas le droit, ô Roi, de méconnaître
L'intérêt du pays dont vous êtes le maître,
Ni d'oublier en quel état
Votre mort laisserait l'État ;
S'il faut, pour apaiser Brahma,
A qui, quant à ce Juif, j'eus le tort de transmettre
Trop de prières indiscrètes,
S'il faut, pour l'apaiser, un cadavre : voilà !
(*Sita et Déira entrent ensemble.*)

SITA.

Non, non, si Isaac hésite...

DÉIRA.

Oui, oui, si Isaac hésite...

SITA.

Et par sa froideur vous irrite...

DÉIRA.

Et par sa froideur vous irrite...

SITA.

C'est qu'entre nous deux, ou nous trois...

DÉIRA.

C'est qu'entre nous deux, ou nous trois...

SITA.

Il n'ose plus fixer son choix...

DÉIRA.

Il n'ose plus fixer son choix...

SÍTA.

Pour que, libre de ses promesses...

DÉIRA.

Pour que, libre de ses promesses...

SITA.

Pour qu'il soit tout à la Princesse...

DÉIRA.

Pour qu'il soit tout à la Princesse...

SITA.

Pour lui éviter de choisir...

DÉIRA.

Pour lui éviter de choisir...

SITA.

Nous sommes prêtes à mourir...

DÉIRA.

Oui, c'est nous qui devons mourir !

BABAR.

De quel trouble, Isaac, votre présence est cause !
Et vous persisteriez cependant à rester?
        Partez !

LE GRAND-PRÊTRE.

Partez !

ADATÉ.

Partez !

TIMOUR.

Partez !

BABAR.

Partez de bonne volonté,
Car seul votre départ arrangera les choses !...

TIMOUR.

Ou voulez-vous que, ce départ,
 Je vous l'impose
 Par mon poignard?...

ISAAC.

Laissez votre poignard en repos, je vous prie ;
 Si j'y consens, si je me sacrifie,
Si je pars, ce départ témoigne de ma part
 Une volonté réfléchie.
 Quant à vos appels au trépas,
Ils ont pu m'attrister, ils ne m'émeuvent pas.
Nous passons notre vie à maudire la vie :
« Mourir ! Je veux mourir ! Que je meure ! » On dit
 [ça...
 Mais sitôt que la mort est là,
Notre hâte à la suivre en est bien ralentie !
J'ai pendant deux mille ans, plein de mélancolie,
 De rancœur, de satiété,
J'ai traîné le boulet de l'immortalité ;
Il suffit qu'à présent vous puissiez me l'ôter,
 Je n'en ai plus aucune envie !...
 En vérité, en vérité !
C'est que la vie est bien la seule expérience
 Que, finie, on ne recommence :

Voilà pourquoi nous y tenons,
Et pourquoi nous nous y tenons...
Là-dessus mon passage ici pourra, je pense,
Vous servir à tous de leçon,
Mais passons !
Poteaux indicateurs, bornes kilométriques,
De vous revoir j'éprouve un désir nostalgique...
Adieu donc ! Joie à tous ! Je reprends mon bâton.
Marchons ! la route est belle, et la vie a du bon.

(Et Isaac Laquedem s'éloigne une fois de plus, cependant que tous lui font d'amicaux petits signes d'adieu avec la main ou leur mouchoir de poche.)

RIDEAU.

LA BELLE ÉVEILLÉE

Comédie en un acte en vers, représentée pour la première fois le 7 novembre 1927 sur le Théâtre National de l'Odéon.

PERSONNAGES

Rose-Claire, *princesse endormie.* Mlle Germaine Cavé.
Octave, *brigand*................ M. Raymond-Girard.

La chambre de la Belle au Bois Dormant. Au milieu de la chambre, le lit où la Belle dort, derrière les rideaux baissés. Porte à droite, donnant sur les autres appartements du château ; à gauche, sur le cabinet de toilette. Près de cette dernière porte, la cheminée avec sa pendule de Saxe.

OCTAVE, *entrant par la porte de droite.*

OCTAVE.

S'il est une entreprise offrant quelque agrément,
C'est de cambrioler la Belle au Bois dormant,
 Et le hasard me fut propice
  Qui mit son château sur mes pas,
  Lorsque je fuyais les pourchas,
Et le zèle indiscret des hommes de police.
  Pour nos aventureux projets,
  Comment ! personne ne songeait
A ce qu'un tel séjour présente d'avantages ?
Ce qui est désastreux dans les cambriolages,
C'est la crainte constante, et le constant danger
  D'être, à chaque objet, dérangé :
 Lors, on s'énerve, on veut se dépêcher,
 Tant et si bien que l'on gâche l'ouvrage !
  Mais ici,

D'un pareil souci
Combien notre âme se dégage !
Ici, tout dort depuis cent ans,
Nous pouvons prendre notre temps.
Si tu heurtes un meuble ou fais claquer les portes,
De t'en émouvoir il n'importe :
Les gens endormis en ce lieu,
Crois-tu qu'ils sortent pour si peu
De leur long sommeil merveilleux,
Léthargique,
Disons mieux,
Magique?
Nul bruit n'éveillera, en ce séjour unique,
Les maîtres ni les domestiques,
Et cependant, ici, que nous cambriolons,
Nous pouvons, s'il nous plaît, en frappant des
[talons,
Chanter à plein gosier quelque refrain bachique...
Aussi bien le butin est pour mettre en gaîté,
Et il n'y a qu'à se baisser !
J'ai trouvé la table servie :
Les plats de venaison sont un peu faisandés,
Depuis cent ans qu'ils attendaient, —
Mais je me suis rabattu sur l'argenterie.
Puis j'ai fait un tour au cellier :
Depuis cent ans embouteillés,
Vous pensez à quel point les vins sont dépouillés !
Des vins qui suffiraient, en somme,

Pour expliquer la profondeur du somme
Où sont plongés tous les valets,
Et dont dorment
Les majordomes.
Mais n'imitons pas ces marauds,
Ne nous endormons pas sur le Château-Margaux,
Encore que, derrière les fagots,
Il y eût là un certain petit Graves...
Nous avons mieux à faire et des desseins plus
[graves...

Pour bien cambrioler, il faut
Savoir ne point s'arrêter trop
Aux bagatelles de la cave.
Or,
Ou bien, je me trompe fort,
Ou me voici, de pièce en pièce,
Parvenu dans la chambre où dort,
— Peste
Quel confort !... —
La Princesse.
Il convient qu'ici nous fassions
Tranquillement, puisque rien ne nous presse,
Quelques investigations :
Voyons?
Suivant la mode accoutumée,
Devant que de se mettre au lit,
La Princesse en robe de nuit,
Et bigoudis, —

Car les dames toujours en usèrent ainsi
          Depuis
Un nombre innombrable d'années, —
Sans doute la Princesse a mis
Ses bijoux sur la cheminée?
Vers cette cheminée acheminons-nous donc.
     Quelle vision fortunée
Bien conforme, en effet, à nos prévisions !...
     (*Et joignant le geste à la parole :*)
          Raflons sans phrases
          Ces chrysoprases
          Dont l'aspect
               Jaspé
          Nous embrase,
     Et ces corindons,
          Allez donc !...
          Sans préjudice
          De ces lapis
(Lazuli), et de ces topazes, —
          Raflons sans phrases
          Ces chrysoprases ;
Dans les poches de notre habit,
Que ces perles et ces rubis
Passent en un éclair subit ;
          Eh ! oui, j'aime
          L'éclat des gemmes,
Et c'est là, pourquoi dire non,
Oui, c'est là mon péché mignon !

Turquoise ou émeraude
Ou autre,
Sans faire fi de ces saphirs, —
Saphir, saphir, ça fait toujours plaisir, —
Raflons sans phrases
Ces chrysoprases !
Encor qu'à vaincre sans péril
On triomphe, dit-on, sans gloire,
Beaux pendentifs en cœur, en poire,
A nous la gloire
De vos béryls, —
Sot qui s'en blase !
Râflons sans phrases
Ces chrysoprases, —
Ainsi soit-il !
Et maintenant de bonne grâce je confesse
Qu'à en juger par ses bijoux
Cette jeune princesse était fille de goût
Ouî, tous
Mes compliments, Princesse !...
Mais elle dort évidemment,
Et, probablement
Elle est belle,
Puisque c'est elle
Que l'on appelle
La Belle, —
La Belle au Bois Dormant...
Est-elle si belle, vraiment ?

Ces réputations sont bien souvent surfaites !
   On l'entend dire, on le répète,
Et personne ne s'en préoccupe autrement,
   Pas la moindre petite enquête !
   Est-elle si belle, vraiment ?
Eh ! pardieu, j'en aurai la conscience nette :
      Pour en connaître
      Le fin mot
Tirons simplement ce rideau.

*(Octave le fait comme il le dit, tire le rideau, se
penche sur le visage de la Princesse, puis se rejette
brusquement en arrière. comme ébloui.)*
      Ho ! oh !

(Et en proie à une vive et soudaine émotion :)
D'une telle beauté emporter les joyaux ?
   Non, mille fois non, je me flatte
   D'avoir l'âme plus délicate !
Qu'il apparaisse ici qu'une main de brigand
Montre à l'occasion le velours de son gant :
Réhabilitons-nous par ce geste élégant.

(Il remet les bijoux sur le coin de la cheminée.)
Nous nous rattraperons sur la vaisselle plate.
Tout est en place ?...

*(Au moment de s'éloigner, avisant une bague qui
a roulé à terre et qu'il ramasse :)*
         Ah ! cet anneau ?... Il n'a, d'ailleurs
   Je m'y connais, foi de voleur,
   Aucune espèce de valeur...

Belle, souffrez que je le garde...
La belle n'y prendra point garde,
Et continuera de dormir :
Moi, j'en aurai si doux plaisir !
Princesse, votre anneau, souffrez que je le garde,
    Pour le principe et pour le souvenir.

*(Et ayant mis l'anneau dans sa poche, il sort par
la droite.*

*A peine Octave est-il sorti, que la pendule, sur la
cheminée, s'est mise à sonner, et la Princesse, au
premier coup de timbre, s'assied sur son lit, frotte ses
yeux, et compte l'heure. Puis, lorsque le douzième
coup a tinté, — car la Pendule, il y a cent ans, s'était,
bien entendu, arrêtée à minuit moins une :)*

Rose-Claire

Midi? Comment, déjà midi? Flipote
A remporté mon chocolat et mes biscottes :
Et je croyais pourtant avoir si peu dormi...
    Midi, comment, déjà midi?
    Mais de quel songe absurde, aussi,
    N'eus-je point ma nuit agitée !
Une vieille à l'œil torve, à la bouche édentée,
    Se tenait auprès de mon lit :
    — Je suis la fée, a-t-elle dit,
Qu'à ton baptême on n'a pas invitée...
    Or, je laisse d'aucuns juger

Que ma susceptibilité à ce sujet
    Paraît exagérée et folle :
    Jamais, j'en donne ma parole,
    Sur un oubli de protocole
    Je ne consens à transiger.
    Au soir de ta quinzième année,
    — C'était hier, — tu t'endormiras,
    Et, pour t'éveiller, il faudra,
    Jeune princesse infortunée,
    Qu'en te voyant cent ans plus tard,
    Épris dès le premier regard,
    Un homme, entré là par hasard,
A s'éloigner ne se puisse résoudre,
      Éprouve
    Ce sentiment bizarre,
    Qu'on appelle le coup de foudre.
     En outre, —
    Tant qu'à faire, il est bon, sans doute,
    Qu'aux difficultés on ajoute, —
    Dans ce château et dans ces bois,
— Attention, que personne ne sorte !... —
    Tout subira la même loi,
    Et endormi de même sorte,
    Ne s'éveillera qu'avec toi.
    Oh ! je conviens que cette idée
    N'est pas très neuve, assurément.
Cela a dû servir déjà, excuse-m'en :
Mais la diversité de nos enchantements

Est, en somme, assez limitée... —
Là-dessus, elle m'a quittée,
Jambe bancale, et pied fourchu,
Non sans avoir, bien entendu
(Car, toujours, le fait est notoire,
Une bague est mêlée à ce genre d'histoires),
    Non sans avoir pris soin
    De poser dans un coin,
  Comme gage de sa venue.
  L'anneau, magique talisman,
  Grâce à quoi le Prince Charmant
Devait, un beau matin, s'annoncer à ma vue.
  Mais il n'y a, ainsi que de raison,
  Ombre de Prince à l'horizon ;
Cela seul est charmant que j'ai mal à la tête...
  Puis, la cloche du déjeuner
    Va sonner
  Et, moi, je ne serai pas prête ;
Or mon père, étant roi, tient qu'on doit être exact
  Et n'admet pas qu'on badine avec ça...
N'attendons pas Flipote, indolente soubrette,
  Et gagnons sans plus barguigner
    Notre cabinet
    De toilette...

*(Elle saute à bas du lit et, en se dirigeant vers la
porte de gauche, passe près de la cheminée, et s'arrête
un instant à regarder les bijoux qui y sont déposés.)*

Eh, bien ! au fait, voici mes bagues, mes colliers...

Cette fée, et son radotage...
Parmi mes bijoux familiers,
Son anneau merveilleux, allez voir s'il y est !...
Je savais bien : c'était un rêve... C'est dommage !...
*(Et, au moment précis où elle sort à gauche, le
brigand Octave rentre par la porte de droite, va droit à
la cheminée, et y dépose l'anneau qu'il avait emporté.)*

OCTAVE.

Je n'y puis tenir davantage
Et viens décidément rapporter cet anneau.
Il a beau
N'avoir rien d'extraordinaire,
Quoi ! c'était peut-être un cadeau,
Ou un souvenir de sa mère,
Une relique, un ex-voto,
Que sais-je, — et c'est à quoi regardent bien plutôt
Les jeunes personnes du sexe,
Pour s'attacher
A un objet,
Qu'à sa valeur intrinsèque...
Et puis, c'est vrai, pourquoi chercher
A me tromper moi-même, et à me le cacher :
Cet anneau, ce n'est qu'un prétexte.
Depuis que j'ai vu la Princesse,
Tant de candeur et tant d'éclat,
Ce qui faisait l'attrait plaisant de mon état,

Butin d'or et d'argent, les perles, et le reste,
De tout cela plus rien ne m'intéresse,
Depuis que j'ai vu la Princesse. —
Et elle dort, que serait-ce
Si elle ne dormait pas ! —
Il a suffi que je la visse, — ou je la voie,
Car, si transformé que je sois,
L'emploi
Des imparfaits du subjonctif,
Dans ma bouche, pourtant, semblerait excessif, —
Il a suffi que je la voie,
Pour qu'à prendre un gros sac, pour qu'à faire un
Je n'éprouve plus nulle joie,   [beau coup,
Et pour que je perde le goût
De piller, de voler, — ce que c'est que de nous !...
Il a suffi que je la voie, — ou je la visse...
Pourtant je ne suis un novice :
N'est-ce pas fou
Ce qui m'arrive?
Tantôt je suis sorti d'ici comme un homme ivre :
Tous les dormeurs qu'en ce château a allongés
Leur séculaire léthargie,
Ne m'a-t-il pas semblé, un instant, qu'ils bou-
[geaient?
Que ma raison se trouble ainsi, parce que j'ai
Vu une Princesse endormie !...
Et je n'ai trêve, ensuite, que d'avoir
Un prétexte pour la revoir !...

Chose d'autant plus inouïe
Que tout ça n'a pas d'avenir,
Puisqu'elle dort et ne doit cesser de dormir...
Mais quoi, plus nos façons d'agir
Apparaissent irréfléchies,
Plus c'est l'amour, évidemment, et c'est la vie...
Et me voici revenu en ces lieux,
Alors que je ferais bien mieux
De terminer un fructueux
Cambriolage,
Me voici revenu pour que, de son image,
A nouveau, simplement, se remplissent mes yeux...
De cet aimant mystérieux
Devrai-je désormais subir la tyrannie ?
Liberté, liberté chérie,
A toi devrai-je renoncer,
Et faudra-t-il mon temps passer
A constater, — et ça ne fait que commencer, —
Que cette Belle est mieux que belle, très jolie,
Qu'elle a des cheveux de féerie,
Un teint de rose, et le nez retroussé ?
A quoi ça peut-il m'avancer ?
Vraiment ce sont façons trop sottes,
J'en rougis ! Il ne sera pas
Dit que je suis tombé si bas :
Témoignons d'une âme plus forte
Et il importe
Que je sorte

Sans avoir à nouveau revu ses cheveux blonds.

(*Il passe vivement, en évitant de regarder du côté
du lit.*)

Un peu de cœur, allons, allons !
Ne nous endormons pas ainsi, — cambriolons !
Cambriolons, cambriolons !...

(*Et au moment précis où il sort à droite, la Princesse
reparaît à la porte de gauche.*)

ROSE-CLAIRE, *appelant.*

Eh, bien ! Flipote?
Personne? Cependant je ne me trompe pas,
J'ai entendu un bruit de pas,
Un bruit de voix, un bruit de porte...
Ah ! les domestiques qui vous
Ont fait sauter sur leurs genoux !...
De celles-là, ce qu'il faut qu'on supporte !
Impossible d'être servi !
Et puis cette manie aussi,
Vous avez entendu, n'est-ce pas ridicule,
De parler toute seule, ainsi
Qu'une actrice de drame, ou une somnambule !...
Midi vingt-cinq à la pendule !
Bien sûr, pour déjeuner, on n'attend plus que moi !
Que va dire le roi mon père?
Mais quoi,
C'est Flipote, et le roi le saura, et le roi

Verra ce qu'il convient de faire !...
J'ai moi-même lacé mes pantoufles de vair,
   J'ai dû m'agrafer dans le dos...
Comme c'est agréable !... Et mes colliers ? Il faut
Renoncer à les accrocher. Vite ! mes bagues...
      Toutes mes bagues,
                    (Les mettant à mesure.)
                         Cinq et six,
      Et neuf, et dix...
            (Avisant l'anneau rapporté par Octave.)
                       Qu'est celle-ci ?
Je ne l'avais pas hier en me couchant... Et si
      C'était... si c'était... j'extravague !
Procédons avec ordre et méthode :
            (Reprenant chaque bague une à une.)
                             De Prague,
Mon oncle le Margrave envoya ce grenat
             Qui n'a
   Que l'intérêt du souvenir ou presque ;
Cette perle me vient des pays barbaresques ;
      Ce rubis, à ce qu'il paraît,
      A ma grand'mère appartenait,
      Et, d'une cousine éloignée
Cette opale me fut par testament donnée.
   Mes chers parents, à toute occasion,
      Fête, anniversaire, que sais-je,
      Pour ma première communion,
      Pour un prix d'équitation

Ou un accessit de solfège,.
Mes chers parents, à toute occasion, m'offraient,
— Même, je m'en souviens, pour que je ne m'effraie
D'une visite du dentiste, —
Mes chers parents m'offraient les bijoux qui rem-
Actuellement mon coffret.   [plissent
Ou perle fine, ou simple cornaline,
De tous, je connais l'origine.
Il n'y a donc que cet anneau, dont je ne sais
Ni d'où il vient, ni ce que c'est...—
Alors, je ne me trompe pas, alors la fée,
C'était donc vrai? Je dors depuis cent ans!
Comme c'est amusant! Et le Prince Charmant,
Il est venu, il va revenir à l'instant...
Il va venir! Avant son arrivée,
Vite, vite, aurai-je le temps...
Et Flipote qui n'est pas là... il faut pourtant...
Il va venir!... Comment suis-je coiffée?...

*(Et au comble de l'agitation, la Princesse rentre,
à gauche, dans le cabinet de toilette, et, bien entendu,
à ce moment précis, Octave entre précipitamment de
droite, va droit au lit, dont il soulève les tentures, et
qu'il trouve naturellement vide.)*

OCTAVE.

C'est bien cela, l'oiseau n'est plus au nid,
La Princesse a quitté son lit.

Je me croyais tranquille, et, sur les deux oreilles,
C'est moi, qui pour un peu, me serais endormi ;
Pendant ce temps l'enchantement s'est accompli :
Malice du destin à nulle autre pareille,
Je viens cambrioler la Belle au Bois dormant,
      Juste au moment
      Qu'elle s'éveille !...
   Maintenant comment m'en aller?
   Déjà les gardes du palais
   Ont dû recommencer leurs rondes...
   Comment m'en aller? Et par où?
De la cave jusques aux combles, tout le monde,
  Pour me couper la retraite, est debout !
Dans les chambres des domestiques, au sixième,
Où je pensais d'abord transporter mon butin,
   Et trouver aussi pour moi-même
   Quelque refuge clandestin,
    J'ai entendu le train
     Que mènent,
Montés depuis cent ans, les réveille-matin, →
    Mâtin !
Ils sonneront longtemps si on ne les démanche ! —
Les réveille-matin qui prenaient leur revanche.
Et j'ai filé. Clef dans le dos, poing sur la hanche,
   Très affairés, des chambellans,
Par bonheur, de ne point me voir ont fait semblant
Quand je me suis heurté à eux dans l'antichambre.
  Puis une dame, occupée à descendre

Majestueusement devant moi l'escalier,
Une très grande dame a marché sur mon pied ;
Bien entendu, j'ai à peine balbutié :
— Pardon, madame !... — et j'ai repris ma
[course...
Mais aurai-je toujours l'improbable ressource
De m'échapper ainsi sans qu'on trotte à mes trousses ?
Que viens-je faire encore ? Et qu'est-ce que je veux ?
       Au lieu
De mettre, sans tarder, ou une lieue, ou deux,
    Entre moi et les curieux,
Dans cette chambre enfin quel délire me pousse ?
    Nous perdons un temps précieux...

(*Il passe vivement à gauche.*)
   Cette porte...

(*Et comme il va pour sortir, en effet, par la porte
du cabinet de toilette, sur le seuil apparaît la Princesse qui l'arrête et le salue le plus naturellement du
monde.*)

ROSE-CLAIRE.

   Bonjour, monsieur !...

(*Puis, comme elle est allée tout de suite devant la
glace, pour y vérifier l'état de sa coiffure, cela permet
à Octave de prendre à témoin le public, et de s'écrier
sans que la Princesse ait l'air de s'en apercevoir :*)

OCTAVE.

Grands dieux !
Tu peux venir, bourreau, la mort me sera douce,
Maintenant que, rouverts à la clarté des cieux,
J'ai vu la couleur de ses yeux !...

ROSE-CLAIRE, *revenant à Octave, après cet aparté.*

Alors c'est vous qui avez eu la bonne idée
De mettre un terme à mon enchantement?
Et le Prince Charmant, c'est vous? Mais c'est char-
[mant,
Et je ne vous dirai qu'un seul mot : Enchantée !...
Mais asseyez-vous donc ! Ma robe est démodée,
N'est-ce pas ? Je suis fagotée, oui, fagotée !
C'est que la mode change en cent ans !... A propos,
Que porte-t-on? Les grands ou les petits chapeaux?
Tiens ! vous êtes rasé? Que cela ne vous fâche,
Mais, de mon temps, au temps jadis,
Le type du Prince Charmant, du prince qui,
Jeunes filles, hantait notre esprit ébloui,
Était plus blond, avec de très longues moustaches...
Mais, encore une fois, que cela ne vous fâche,
Car vous êtes, et non pas lui,
Mon Prince Charmant, — ça suffit,
Et, je le dis
Pour qu'on le sache,

Avec moustache ou sans moustache,
Vous me plaisez beaucoup : vous êtes très gentil !
Est-ce que je vous plais aussi?
Vous devez me trouver bavarde?
Mais songez au silence obstiné que je garde
Depuis un si long temps, songez
A tous les sujets
Dont j'ai hâte
D'avoir enfin quelques clartés !
Après cent ans, ma curiosité
Assurément bien légitime éclate :
Qu'a-t-on joué dans les théâtres?
Y a-t-il eu de beaux crimes passionnels?
Y a-t-il des refrains à la mode et lesquels?
Danse-t-on des danses nouvelles
Autres que la pavane et que le pas de quatre?
Vous ne répondez pas? Mais non,
Vous n'avez pas l'air à la conversation...
Quelque chose vous choque-t-il dans mes demandes?
Mon indiscrétion, vous la jugez trop grande?
Mais pour me renseigner, d'abord, je n'ai que vous :
Après cent ans, monsieur, c'est tout
Ce que vous avez à m'apprendre?

OCTAVE.

C'est que je crois rêver, madame, à vous entendre...
Et puis je vous regarde... et puis je ne sais plus...

Pour de l'inattendu, c'est de l'inattendu !
   Et comment vous faire comprendre?
   La coupe des félicités,
Où jamais n'ont trempé mes lèvres assoiffées,
Voici que gentiment vous venez l'apporter,
Et, m'assurant que ce bonheur est mérité,
Voici que vous me la tendez comme un trophée !...
   J'arrive, — si vous saviez d'où !...
   Et puis me voici tout à coup
   Plongé en plein conte de fées !...
   Mais, laissons-nous faire, après tout,
   Sachons cueillir l'instant si doux
Et profitons de l'exquise aventure :
Ça durera ce que ça durera,
   Mais n'est-ce pas, c'est toujours ça,
C'est toujours ça de pris durant que cela dure... —
   Quand le présent nous laisse émerveillés,
   Le passé n'a pas d'importance.
   Le passé, je veux l'oublier,
   Et ma vie ici recommence
   A l'heure où vous vous éveillez...
J'en prononce d'ailleurs la formelle promesse,
C'est un homme nouveau qui vous aime, Princesse,
   Et désormais, je me fais fort
   De n'encourir aucun reproche :
Mes jours à vos côtés, clairs comme l'eau de roche,
Vont couler purs ainsi que l'air, francs comme l'or !...
Ah! que nous allons être heureux! Quel doux accord!

Mais quel est donc ce bruit de cor?
Vous entendez?... Ce bruit de cor, léger encor,
Mais qui, dirait-on, se rapproche?...
Le cor... et, maintenant, les cloches?...

ROSE-CLAIRE.

Fanfares, carillons, mais c'est en votre honneur,
C'est en votre honneur, monseigneur,
Et c'est assurément le moins qu'on puisse faire,
Pour annoncer que, grâce à vous, je ne dors plus,
Et qu'enfin vous êtes venu,
Qui m'avez arrachée au sommeil séculaire.
Il va falloir que je vous présente à mon père...

OCTAVE.

A votre père?... Au roi?... Il dort !...

ROSE-CLAIRE.

                                        Y pensez-vous?
Vous savez bien qu'avec moi tout
S'est éveillé à l'instant même, —
L'instant que vous m'aimez...

OCTAVE.

                        L'instant que je vous aime...

ROSE-CLAIRE.

Même, j'aurais dû me trouver,
C'eût été convenable, à son petit lever :
Il faut que je m'excuse auprès du roi, — je vole...

OCTAVE.

Vous volez? Vous aussi? Pardon !... Tout ça m'af-
Je suis... je suis un peu troublé...   [fole..

ROSE-CLAIRE.

Mais j'y songe, les courtisans sont assemblés,
Profitons-en, je vous emmène :
Il faut que l'on vous voie aussitôt avec moi.
Venez, monsieur !...

OCTAVE.

Devant le roi?

ROSE-CLAIRE.

Dans un moment la grande salle sera pleine.
Déjà de tous les bourgs voisins,
Les sénéchaux, les échevins,
En cortège par les chemins

14

Se dirigent ici, je gage,
Pour vous dire, comme il convient,
Leur gratitude et leurs hommages.
Ah ! ce sera un beau tapage,
Et vraiment je m'en réjouis :
Après tant de silence entendre un peu de bruit.
Vous verrez, monsieur, le vacarme,
Que vont mener les gros baillis,
Et leurs valets, et leurs gendarmes...

OCTAVE.

Les gendarmes, ici, dites-vous, vont venir?...
Les gendarmes !... Allons ! le rêve doit finir !...
Vous ne sauriez être plus longtemps dupe
Du personnage que j'usurpe.
Votre Prince Charmant, Princesse, est un bandit
Qui, près de vous, ne s'était introduit
Que dans la pensée infernale
De profiter du sommeil général
Pour tout cambrioler ici...

ROSE-CLAIRE.

Vous, un bandit? Et puis après? Où est le mal?
Ce qui fait les Princes Charmants,
C'est l'occasion, le moment,
Tout à fait indépendamment

De la situation sociale...
Vous un bandit? C'est ça qui m'est égal !... —
Vous êtes mon Prince Charmant !

OCTAVE.

Un cambrioleur !

ROSE-CLAIRE.

Un amant !
Car vous m'aimez, monsieur ! Pour que l'enchan-
Prît fin, il fallut qu'à ma vue, —   [tement
La fée en avait fait une clause absolue, —
Il fallait que l'amour dans votre cœur entrât :
Donc, vous m'aimez : ne le saviez-vous pas?

OCTAVE.

Hélas !
Si vous croyez que c'est cela
Qui va simplifier les choses !...
Je vous aime, et vous vous éveillez. Bien. Ah ! si
Vous aviez été seule à vous éveiller, oui !
Je pourrais voir la vie en rose !...
Mais cet éveil, dont mon amour est cause,
Dans un instant va amener ici
Des tas de gens, ne l'avez-vous pas dit,
Des sénéchaux, des échevins, par qui

Ma tête a été mise à prix. —
Et vous vous étonnez, lorsque avec vous je cause,
Que je montre si peu de liberté d'esprit ? —
Je vous aime, je vous aime ; — mais je n'en suis
Pas moins dans une position des plus fausses !
Je vous aime, je vous aime — c'est entendu : —
    Mais dans une heure, deux au plus,
    Princesse, je serai pendu !...

ROSE-CLAIRE.

Mais c'est affreux ! Si j'avais su,
Jamais, vous pensez bien, me serais-je éveillée !...
Se peut-il qu'on vous pende !... et à cause de moi !...
    Et que votre obligeance soit,
      A mon endroit,
      Si mal payée?
    Non, je ne supporterai pas,
De votre part, un pareil sacrifice !...
    Il n'y a, d'ailleurs, il n'y a
    Qu'à remettre tout en état...
    Oui, mais il faudrait, pour cela,
Je crois bien qu'il faudrait que je me rendormisse,
    Et c'est alors, dans ce château, que tout.
Avec moi, se rendormirait du même coup,
      Et que vous,
Sans être inquiété par les gens de justice,
Reprendriez le cours, sans craindre leur courroux,

De vos précédents exercices...
Mais, après un sommeil pareil,
Un sommeil de cent ans, je n'ai plus grand sommeil.
Vous comprenez, votre arrivée,
Tous ces événements, la fée,
Tout cela m'a fort énervée...
J'ai bien peur de ne pas pouvoir me rendormir.
Mon Dieu ! mon Dieu ! où découvrir,
Pour que de tout péril mon sommeil vous délivre,
Où découvrir, en ce besoin pressant,
Un narcotique assez puissant...
Voyons, vous n'avez pas un livre?...
Eh bien ! alors, récitez-moi des vers d'amour,
Une ode, une élégie, enfin, quelque poème...
Des vers, vous savez bien des vers, quoi...

OCTAVE, *déclamant.*

Je vous aime !

ROSE-CLAIRE.

Allez, c'est ça !

OCTAVE.

Je vous aime !

ROSE-CLAIRE.

Eh ! allez toujours !

OCTAVE.

Je vous aime !

ROSE-CLAIRE.

C'est tout?

OCTAVE.

C'est tout.

ROSE-CLAIRE.

Mais c'est trop court !...
Encore qu'au sommeil on s'efforce et l'on s'offre,
Pour endormir les gens il faut au moins la strophe,
Et pourtant, j'aurais tant voulu !...
Comment faire?... Fous que nous sommes !...
Raisonnez comme je raisonne :
Pour m'éveiller il a fallu
Que vous m'aimiez ; donc il suffit, en somme, —
La fée eut beau n'en rien dire à personne,
Ceci, bien entendu, était sous-entendu, —
Pour que je me rendorme, et que tout se rendorme,
C'est bien simple, il suffit que vous ne m'aimiez plus.

OCTAVE.

C'est bien simple? Mais c'est énorme !...
Ainsi vous croyez bonnement

Que c'est de mon plein gré, et pour mon agrément,
   Que m'imposant ce supplice à moi-même,
Que c'est pour mon plaisir, enfin, que je vous aime?
Je vous aime, et ne sais ni pourquoi ni comment,
      Et ce que je sais seulement
      C'est qu'il n'est bon raisonnement,
      Il n'est moyen ni stratagème,
Pour délivrer mon cœur de l'amour qui le gêne :
Je vous aime, c'est bien ma chance, je vous aime,
      Et ne peux plus faire autrement.

ROSE-CLAIRE.

Bon ! voici que vous me parlez comme u n amant,
     Qui veut prouver qu'il est sincère,
Alors que nous devons chercher, bien au contraire,
A établir lorsque vous prétendez m'aimer,
     Que vous êtes mal informé.
     C'est mon repos et votre tête
     Que la question met en jeu,
        Monsieur,
      Réfléchissez un peu,
     Efforçons-nous à reconnaître
     Que votre amour pour moi ne peut,
       Ne peut pas être
        Sérieux !
Réfléchissez un peu, réfléchissons tous deux : —
Pour qu'un grand amour vînt à naître,

Un amour dont le cœur s'imprègne, se pénètre,
  Une impression suffirait?
  Vous me voyez, et tout de suite après,
Vous m'aimeriez?...

OCTAVE.

    C'est bien cela qui m'inquiète !

ROSE-CLAIRE.

Un peu d'esprit critique, il le faut, je vous aide !...
  D'abord, examinez mes traits :
  En y regardant d'un peu près,
  Qui sait? Je suis peut-être laide?
  Non? Bien sûr? Je n'insiste point,
    C'est un point
    Sur lequel je cède,
  Ne voulant pas trop vous contrarier,
  Ni vous causer déception trop forte...
Je suis jolie, admettons donc, on vous l'accorde !...
  Mais il n'y a pas à nier
Que j'ai dormi cent ans avant de m'éveiller :
J'ai cent quinze ans !...

OCTAVE.

    On n'a que l'âge que l'on porte !...

ROSE-CLAIRE.

Du moins votre amour entêté
   A-t-il le droit de s'arrêter
Aux beautés du visage? Il est d'autres beautés,
   Monsieur, plus solides, plus hautes,
   Sans qui l'amour ne saurait exister...
      Vous êtes-vous inquiété
De ce qu'était mon caractère? Lourde faute !
      Et il vous faudra déchanter !
Beauté du cœur, beauté de l'âme, demandez
Si j'ai ces beautés-là? Ma servante Flipote
   Vous le dirait : pour un rien je m'emporte...
      Injustice, méchanceté,
Voilà mon lot, je suis terrible !...

OCTAVE.
                        En vérité?
Vous prenez là, Princesse, une inutile peine,
      Et la passion qui me tient,
      D'autant plus elle fut soudaine,
      D'autant plus elle me tient bien :
         Rien
   N'en saurait détendre la chaîne.
   Pour empêcher que je vous aime,
   Il n'est tortures, — et pourtant,
   Alors qu'une femme s'en mêle,

Toute femme, certe, et vous-même,
A nous torturer s'y entend, —
Mais les colères, mais les scènes,
Mais les trahisons seraient vaines,
Et les caprices insultants,
Pour empêcher que je vous aime, —
Et vous auriez beau faire...

ROSE-CLAIRE.

Oh ! si j'avais le temps !

OCTAVE.

Le temps, d'ailleurs, le temps passe et me
        Et j'entends   [presse,
        Se précipitant
Dans leur dérisoire allégresse,
Les cloches aux joyeux battants,
Les fanfares aux rythmes lestes...
Il faut vous dire adieu, Princesse,
Car, à l'instant, le même geste,
Qui saluera votre réveil,
Ordonnera pour moi un éternel sommeil...
Que voulez-vous, j'étais sorti de mon programme,
    C'est bien connu dans le métier,
Et les cambrioleurs devraient se méfier,
    Toujours, des histoires de femme...

Je ne regrette rien... Mais, vos yeux sont mouillés?
Ne les ai-je rouverts que pour y voir briller
    La source amère de vos larmes?
    Vous pleurez, vous pleurez, madame,
      Et la pitié
      Qui vous alarme,
    J'en serais cause le premier?
    Vous pleurez, vous pleurez, madame,
    C'est sur moi que vous pleureriez !...
    Si vous vouliez pourtant... je n'ose...
    La corde sera peu de chose,
    Et j'en bénirai le tourment,
Si mon baiser d'adieu sur vos lèvres se pose.
Si je trouve l'oubli de ce fâcheux moment,
  Dans un suprême et long embrassement,
Où la mort me prendra comme en apothéose...
    Si j'osais... puis-je oser... je n'ose...

ROSE-CLAIRE, *très simplement.*

Vous êtes mon Prince Charmant.
  (*Et elle tombe dans les bras d'Octave, et sur ses
lèvres.*)
OCTAVE, *après un temps plus ou moins long pen-
dant lequel les cloches et les fanfares qui faisaient
rage se sont apaisées peu à peu.*
Tu peux venir, bourreau, la mort me sera douce...
Je l'avais déjà dit, je le répète encor...

C'est singulier, on n'entend plus cloches ni cor...
    (*Regardant la Princesse, qu'il tient toujours enla-
cée entre ses bras.*)
    Et la Princesse? On dirait qu'elle dort?
        Voyons? Je compte jusqu'à douze...
        Un, deux, trois, quatre, cinq... D'abord,
Posons-la doucement sous ses courtines d'or...
                            (*Ce qu'il fait.*)
Douze !... C'est positif, la voilà rendormie...
            (*S'éloignant discrètement du lit.*)
        Mais alors, tiens, tiens, mais alors...
        Plus de bruit dans les corridors...
La pendule s'est arrêtée à la demie...
Mais alors... mais alors, si la Princesse dort,
Imposant autour d'elle une sieste exquise,
Si tout s'est rendormi, et que l'amant, sans peur,
Puisse faire à nouveau place au cambrioleur,
    Ma liberté est enfin reconquise :
C'est donc que brusquement, sans demander la clé,
L'amour, comme il était venu, s'en est allé...
        Mais quand? Parbleu ! à l'instant même !
            On aime,
        On croit aimer toujours...
        Un baiser, vos lèvres, ta bouche, —
        Et voilà la pierre de touche
        Pour distinguer le désir de l'amour.
Ce remède que, pleins d'un zèle méritoire,
        Désespérément nous cherchions,

Le remède à l'amour, c'est la possession,
Voilà encore un point de fixé pour l'histoire,
     Et l'étude des passions.
Mais quand autour de nous règne un sommeil pro-
Un tel soporifique est superfétatoire,   [fond,
Inutile à présent que nous philosophions :
          ·Filons !
   Auparavant, par un scrupule vague,
Dois-je laisser ici ces colliers et ces bagues ?
Bah ! de n'y plus penser la Princesse a le temps :
Elle en a, j'imagine, à nouveau pour cent ans, —
Voilà pour dissiper les remords irritants
Dont mon âme chevaleresque se tourmente...
   (*Il gagne à droite, et en passant devant le lit s'ar-*
rête.)
Vraiment cette Princesse est tout à fait charmante, —
Mais quoi, nous n'allons pas la réveiller encor !...
   Oui, charmante, — quand elle dort !

(Et il s'en va.)

RIDEAU.

ŒUVRES DE FRANC-NOHAIN

En vente à

La Renaissance du Livre.

FABLES.
Un vol. in-16 raisin de XVI-246 pages. **12** fr.

FABLES CHOISIES.
Un vol. in-16 jésus de 200 p. illustré.
Hors-texte de Marie-Madeleine Franc-
Nohain. Broché ... ... **12** fr.; Relié. **15** fr.

FABLES NOUVELLES.
Un vol. in-16 raisin de 226 pages. ... **12** fr.

L'ORPHÉON. Un volume... ... ... **12** fr

Serinettes et petites oies blanches ... **12** fr.

Couci-Couça ... ... **12** fr.

Le Cabinet de Lecture, 2 vol.. ... ... **12** fr.

Les Avis de l'Oncle Bertrand ... ... **12** fr.

Les Salles d'Attente ... ... **12** fr.

Imprimerie Crété, Corbeil.